LA CENSURE

SOUS

NAPOLÉON III

Rapports *inédits* et *in extenso* (1852 à 1866)

PRÉFACE DE *** ET INTERVIEW DE

EDMOND DE GONCOURT

PARIS

NOUVELLE LIBRAIRIE PARISIENNE

ALBERT SAVINE, ÉDITEUR

12, rue des Pyramides, 12

LA

CENSURE SOUS NAPOLÉON III

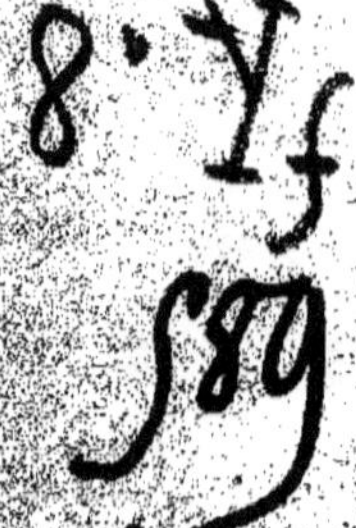

SAINT-DENIS
IMPRIMERIE H. BOUILLANT
20, RUE DE PARIS

* * *

LA CENSURE

SOUS

NAPOLÉON III

Rapports *inédits* et *in extenso* (1852 à 1866)

PRÉFACE DE *** ET INTERVIEW DE

EDMOND DE GONCOURT

PARIS

NOUVELLE LIBRAIRIE PARISIENNE

ALBERT SAVINE, ÉDITEUR

12, RUE DES PYRAMIDES, 12

1892

PRÉFACE

D'ici quelques années, quelques mois peut-être, le sort de la Censure théâtrale, sera, sinon définitivement, du moins momentanément réglé[1]. La Tribune est libre, le Journal est libre, le Livre est libre ; seul, le théâtre ne l'est pas. Pourquoi cette anomalie sous une République dont la devise est : Liberté ?...

Le théâtre, — diront les défenseurs de la Censure — s'adresse à la foule. C'est là une opinion ; mais elle me paraît puérile. Si la réunion de quinze cents personnes dans une salle devient une foule, — et je doute que les Direc-

[1] Je suis heureux de pouvoir remercier publiquement MM. Valentin et Henry Simond d'avoir donné à quelques-uns des chapitres qui vont suivre la grande publicité de leur journal : *l'Echo de Paris*.

teurs, Auteurs et Acteurs soient de cet avis — comment définir les milliers de lecteurs du journal et du livre?...

Je n'ignore point que l'âme des collectivités diffère de celle des individus ; elle devient, en quelque sorte, la résultante d'un grand nombre de forces éparses qu'une même indignation ou qu'un même enthousiasme unissent en un commun effort. Ses manifestations sont plus spontanées, plus brutales. Elle manque de pondération, de justice et de conscience; parfois même la pitié lui est inconnue. Quelques hommes politiques peuvent en témoigner.

Cependant, pour regrettable que soit cette constatation, elle n'a rien de désespérant. Si les colères d'une foule peuvent devenir terribles, elles seront toujours sans consistance. Un mot les provoque, un geste les apaise. Au sortir du théâtre, en prenant son dernier omnibus, le frondeur le plus échauffé ne tardera pas à recouvrer le calme dont il s'est départi et à reconnaître l'enfantillage de sa conduite. Car alors il sera redevenu une individualité apte au raisonnement.

Pour effrayer les gens susceptibles de l'être on leur dit avec déclamation : « Si vous abrogez la Censure, si vous refusez à l'État son contrôle sur les théâtres, c'en est fait de la morale, c'en est fait de la Société. La Pornographie régnera. Pères de famille, vous ne pourrez conduire ni vos femmes ni vos filles à ces spectacles qui ont été la joie de votre jeunesse et qui, sans nul doute, seront encore celle de votre vieillesse. » Prophétie effrayante de prime abord, mais à l'examen aimable badinage.

Tout ce qu'une savante pornographie peut inventer a paru sur la scène : mots à double sens, calembours grivois, situations raides, farces polissonnes ont reçu, depuis longtemps déjà, l'estampille des censeurs. Je dois ajouter que cette littérature aphrodisiaque n'a malheureusement pas diminué le nombre des insensuelles et des émasculés. Seule, l'évolution des races, pourra modifier, à cet égard, l'humanité encore si imparfaite.

Tout ce que des novateurs hardis pourraient donc tenter, ce serait de substituer aux sous-entendus les crudités de la Réalité. A bien examiner les choses, sans nervosité ni parti-pris, ils seraient bien au-dessous de leurs prédécesseurs. Le nu ne saurait avoir la puissance d'excitation du demi-vêtu. Si la censure met cet aphorisme en doute qu'elle interroge MM. les Directeurs des maisons Tellier.

Un ballet dansé par des ballerines décolletées ainsi qu'Ève aux premiers jours de l'Eden, pourra être intéressant au point de vue esthétique, mais, quelque lascives que soient les poses des figurantes, elles n'allumeront jamais les paillardises autant que les jupes courtes, le collant des corsages sur la taille, le contraste de la blancheur des chairs avec les couleurs chatoyantes des étoffes, la gentillesse sautillante des pieds dessinés par les brodequins, le dandinement des tutus suggestifs en joies charnelles, inviteurs aux farfouillements des mains luxurieuses.

Aussi bien, d'ailleurs, la Pornographie n'est-elle point le motif réel du maintien de la Censure. Ce motif réside uniquement dans la Politique. Nos députés et nos ministres redoutent, à tort ou à raison, que l'imagination de nos auteurs transforme les salles de théâtre en autant de succursales du Palais Bourbon. Ils ne veulent point d'une semblable exportation, et leur frayeur, fort légitime, répond bien au mouvement protectionniste qui domine aujourd'hui. Aristophane n'est pas l'homme de nos Elus ; ils lui pardonnent difficilement les pensums qu'il leur valut pendant les lointaines années scolaires.

Je veux bien reconnaître que l'introduction de la politique sur la scène n'aurait rien de folâtre. Il ne faudrait cependant pas en exagérer la portée. Non seulement les Directeurs de théâtre ne recevraient de telles pièces qu'avec difficulté, mais le public lui-même s'en lasserait très vite, estimant avec raison, qu'il est excessif de dépenser cinq ou six francs pour entendre le soir les plaisanteries lues le matin dans un journal de deux sous. Puis, de même qu'il y a des journaux pour toutes les opinions, il y aurait également des pièces pour tous les partis et, leurs effets contraires se neutralisant leur influence deviendrait nulle.

Il reste à envisager la venue possible de pièces patriotiques de nature à froisser l'honneur national de telle ou telle puissance. Le cas est plus grave et mériterait un examen approfondi. Il est incontestable que le général Boulanger, voulant la guerre à tout prix, n'aurait pas manqué de recourir à de pareils stratagèmes. M. Déroulède eut vite confectionné le mélodrame à tirades tricolores. Et comme le Boulangisme fut, dans sa première partie surtout, un mouvement essentiellement chauvin, quelque chose comme une pustule patriotique sur l'épiderme populaire, il n'était pas impossible que les pièces belliqueuses eussent obtenu un honteux succès. Ainsi, la République aurait payé — chèrement il est vrai — ses bataillons scolaires, sa Revue du 14 juillet, son militarisme à outrance.

Cependant, on peut admettre que là aussi, il y aurait eu concurrence. Les pièces des dramaturges, ennemis du général, nous eussent montré la vanité des gloires militaires, l'inutilité des combats, la boucherie des champs de bataille, l'identité entre le courage guerrier et la bravoure de l'halluciné furieux, l'enfantillage des drapeaux, enfin, la petitesse des patries comparées à l'Humanité.

Mais, de même qu'un constructeur, avant de livrer son œuvre au public la soumet au maximum du poids, de la vitesse ou de la résistance, mettons les choses au pis. Supposons que telle pièce, par la nature de ses idées, soulève de véritables luttes, lors des représentations. Quelques philosophes impassibles ne verraient peut-être point d'inconvénient à ces pugilats populaires, pourvu qu'on n'en abusât pas. Ils seraient en effet, un moyen gratuit de développer dans les classes pauvres le goût des sports athlétiques. Qu'il nous soit permis de ne pas partager l'avis de ces sages.

Le remède d'ailleurs serait simple et peu coûteux. Quand, après cinq ou six essais, le gouvernement verrait qu'il lui est impossible d'obtenir l'ordre dans la salle, son devoir serait alors d'interdire les représentations; ce qu'il fit pour *Thermidor*. De la sorte, les auteurs ne relèveraient plus de l'anonymat des censeurs mais bien du public, du seul public, du grand public, ce qui, je le crains, ne serait pas toujours pour eux le dernier mot du bonheur. Ainsi, du moins, n'auraient-ils plus le droit de se plaindre. Donc, comme on le voit, la liberté du théâtre n'offre aucun danger bien grave.

Je disais plus haut que la Tribune, le Journal et le Livre sont libres ; je dois ajouter que leur influence est beaucoup plus grande. Ne parlons pas de la tribune ni du journal, dont les effets sont immédiats, néfastes parfois, violents toujours, mais par cela même éphémères. Occupons-nous du Livre pour l'opposer au théâtre.

Aujourd'hui, le Livre jouit d'une liberté à peu près absolue — et qui donc songe à s'en plaindre?... Sans doute, à cause de son prix, de son volume, de son côté un peu sévère, il ne pénètre que lentement les différentes couches sociales d'une nation. Mais il les pénètre et pour lente que soit son action elle n'en est pas pas moins efficace au bout d'un certain temps.

Les jeunes écrivains du jour l'ont si bien compris, qu'abandonnant le théâtre, inapte à exprimer leur pensée en son intégralité, ils se sont confinés dans le roman, ou plutôt dans l'étude sociale. Elles sont nombreuses et puissantes, les œuvres qui, pendant ces vingt années, ont tenté, à un point de vue quelconque, l'amélioration de l'espèce, le perfectionnement de la race. Tout d'abord, Zola se dresse sur la pyramide de ses bouquins. Depuis *la Fortune des Rougon* jusqu'à *la Débâcle*, il n'en est pas un qui n'effleure ou n'entame la grande Question Sociale.

Puis, après lui, quelle descendance de disciples?... Chacun empoigne son morceau, bravement, et donne son coup de pioche avec l'espoir du déblaiement final des préjugés qui nous étouffent. Remarque singulière, c'est encore le militarisme qui sert le plus souvent de cible. Avec *Au Port d'arme*, un roman de haute et sévère allure, Henry Fèvre donne le branle. *Le cavalier Miserey* d'Abel Hermant et les *Sous-offs* de Lucien Descaves suivent à peu d'intervalle. Dans *Tous quatre*, Paul Margueritte, le subtil écrivain des grisailles, essaie, non sans succès, ses griffes délicates sur le Prytanée militaire de la Flèche. Dans *le Cal-*

vaire et *Sébastien Roch*, Octave Mirbeau, visant plus haut, se collète avec l'idée de Patrie. Sans souci des préliminaires bienséances, Georges Darien dégueule son *Biribi*, le livre d'or des martyrologes de l'armée.

Et combien d'autres encore, non moins audacieux!... En des notes plus douces, par des envolées plus philosophiques, J.-K. Huysmans raille ses contemporains avec *En ménage* et *A Rebours*. Les frères J.-H. Rosny prônent la bonté dans *le Bilatéral*, *Marc Fane* et *Daniel Valgraive*. Les œuvres d'Alphonse Daudet, de Guy de Maupassant et de Paul Bourget sont émancipatrices. Enfin, pour être pondérés dans leur forme, *le Bonheur à trois*, *l'Enfance d'un homme*, *une Honnête femme*, d'Armand Charpentier, n'en sont pas moins des romans démolisseurs de préjugés par leurs théories sur la liberté de l'amour et l'émancipation de la femme.

Voilà, depuis vingt ans, le résumé un peu concis des efforts du livre. En trouverait-on autant dans le théâtre — même sans la censure ?... J'en doute.

II

J'ai essayé de démontrer — puissé-je avoir réussi — l'inoffensivité du théâtre. Voyons à présent, sommairement et sans parti pris, ce qu'a été la censure.

Par ordre du Cardinal et du Roi, le grand Corneille a subi l'affront des coupures dans *le Cid* et dans *Polyeucte*.

En 92, époque où l'on jouissait de toutes les libertés sauf quelquefois, cependant, de celle de vivre, l'autorité révolutionnaire supprime dans *le Misanthrope* le « petit marquis », le « vicomte » et la « chanson du roi Henri » ; elle habille le Cid en général des armées républicaines au service de l'Espagne ; elle substitue dans *le Déserteur* de Sedaine ces mots : *La loi passait*, à ceux-ci : « Le roi passait » ; elle force le Tarare de Beaumarchais à refuser, au dénouement de l'opéra, la couronne qu'on lui offre. C'était vraiment bien la peine de jouer de la guillotine avec autant de maestria pour s'attarder à de telles bagatelles !...

Plus tard, dans *Robert Macaire*, cette même censure transforme les *gendarmes* légendaires en *dragons piémontais*. Et quand, Macaire retrouvant son fils dit : *Je voudrais bien lui couper une mèche de cheveux*, elle empêche Bertrand de répondre : « Arrache-là », trouvant le mot trop cynique. Dans *la Poudre d'or* de M. Sardou, elle barre comme immorale cette réponse de Pougnasse à quelqu'un qui lui parle du doigt de Dieu et de l'œil de la Providence : « Oui, le doigt de Dieu, l'œil de la Providence, deux choses qui se fourrent souvent l'une dans l'autre. »

La censure qui ne tolère aucune audace les a toutes. C'est ainsi qu'elle supprimera un juron, *corps du Christ*, dans la bouche d'un reître et qu'elle ne souffre pas dans *Henriette Maréchal* qu'un père donnant à sa fille *une croix* d'or, lui dise : « Je t'apporte, pour te mettre au cou, cette *petite* bêtise ! »

A côté de la censure terrible, il y a la censure naïve. Celle-là suspend la première représentation de la comédie de Félicien Mallefille, *le Cœur et la Dot*, à cause d'une tirade sur les abeilles. L'auteur accourt furieux devant la commission d'examen :

— Ce sont les abeilles qui vous offusquent, eh bien ! mettons si vous voulez des *mouches à miel !*

Et ces braves gens de répondre :

— Mais vous avez raison, mais parfaitement, mettons *mouches à miel*.

Dans ces misérables questions, il n'est point jusqu'à la religion qui n'ait joué son rôle. C'est ainsi que M. Achille Fould, israélite, ne permit de représenter le *Shylock* de Shakespeare que sous ce titre : *le marchand de Venise*. Ces mots : *le juif de Venise* l'offusquaient. Quelle grandeur d'âme et quelle élévation d'esprit !...

III

Dans les pages qui vont suivre, les lecteurs trouveront les comptes rendus textuels et *in extenso* faits par MM. les Censeurs de l'Empire sur les pièces qu'ils supprimèrent ou modifièrent de 1852 à 1866. Il en est quelques-uns de vraiment délicieux. On a souvent reproché à M. Camille Doucet, le célèbre académicien, de ne s'être pas toujours suffisamment distingué dans les divers genres où son talent s'essaya. Il me semble, qu'après avoir lu ce livre, il ne se trouvera personne pour lui adresser de nouveau un semblable reproche.

Mais, me dira-t-on, comment vous êtes-vous procuré ces documents?... L'explication serait un peu longue et n'aurait rien d'intéressant pour le public. En tout ceci, comme en bien des choses, le hasard seul a joué un rôle. Qu'il me suffise de rappeler qu'après le 4 septembre 1870, les Tuileries ont été visitées et quelque peu fouillées par les hommes politiques d'alors. Même le 30 septembre 1870, *le Journal Officiel* et *le Bulletin des lois* de la jeune République contenaient le décret suivant :

« Le Gouvernement de la Défense nationale décrète :

« La commission d'examen des ouvrages dramatiques est et demeure supprimée.

« Fait à l'Hôtel de Ville, le 30 septembre 70.

« *Signé :* Général Trochu, Jules Favre, Emmanuel Arago, Jules Ferry, Gambetta, Garnier Pagès, Pelletan, E. Picard, Rochefort, Jules Simon. »

Ce décret, si littéraire en sa concision, ne devait pas, hélas ! avoir une bien longue durée. Maintenant la parole est à nos élus. Par leur vote, ils peuvent rendre au théâtre la liberté qui lui est due. Le feront-ils?... Nous devons l'espérer. Le ministre de l'Instruction publique et des Beaux-Arts, M. Léon Bourgeois, n'est pas seulement un radical; c'est aussi, ce qui vaut mieux, un esprit libéral, un ami des arts et des lettres, un véritable esthète. Il sait combien il est ridicule d'emprisonner la pensée humaine et je ne doute point qu'il ne lui soit pénible d'avoir à ratifier le *veto* d'une censure. Ceux qui le fréquentent de près affirment qu'il a l'intention de donner au Théâtre la liberté absolue; courage qui l'honore infiniment et lui assure toutes nos sympathies. Puisse-t-il réussir!... D'autre part, le directeur des Beaux-Arts, M. Henry Roujon, est un jeune dont la chaleureuse amitié envers tout artiste est devenue proverbiale. C'est un esprit très haut et très indépendant, un raffiné dans son éclectisme. Ce n'est certainement pas de son côté que la censure trouvera une sérieuse défense.

Il y a donc tout lieu d'espérer que cette vieille institution périra d'ici peu. Tous les grands écrivains du jour, les Maîtres de la pensée moderne, Edmond de Goncourt, Emile Zola, Alphonse Daudet, Guy de Maupassant, Octave Mirbeau, Paul Bourget, Henry Becque, Georges Ancey, etc..., etc..., réclament la suppression de la censure. Il me paraît que leur autorité a quelque importance en la matière puisque, plus que tous autres, cette question les intéresse au premier chef. Ne serait-il pas opportun d'écouter leurs doléances?...

Et si, moi qui n'appartiens ni à la politique, ni aux arts, ni au théâtre, j'ai livré ces pages au public, ce n'est pas uniquement pour réhabiliter M. Camille Doucet dans l'esprit de ses contemporains, mais surtout pour donner à la censure la chiquenaude qui doit déterminer son ultime culbute.

***

PARIS, Avril 1892.

INTERVIEW

DE M. EDMOND DE GONCOURT

I

Il nous a semblé intéressant de connaître, sur les pages qui suivent, l'avis du Maître des écrivains modernes, de celui qui, depuis plus de trente ans, a lutté sans relâche pour l'émancipation de l'Art, de celui qui a substitué au roman de convention le roman documenté, de celui enfin qui a réclamé si souvent et avec tant d'éloquence la suppression de la Censure, d'Edmond de Goncourt.

Le Maître, auquel nous avions communiqué à l'avance les épreuves du livre, nous reçoit avec son habituelle bienveillance, dans ce même *grenier* où se réunit tous les dimanches, en la compagnie d'Alphonse Daudet, l'élite des jeunes écrivains : Léon Hennique, Gustave Toudouze, les frères J. H. Rosny, Jean Lorrain, Paul Margueritte, Lucien Descaves, Henry Fèvre, Jean Ajalbert, G. Geffroy, Abel Hermant, Frantz Jourdain, François de Nion, Armand Charpentier, etc...

Au moment où nous entrons, par un hasard singulier, M. Edmond de Goncourt termine la lecture des dernières épreuves ; aussi recueillons-nous avec empressement ses premières paroles.

— Cette Censure est vraiment délicieuse... tout à fait délicieuse... elle a une prose... une syntaxe... on comprend qu'elle fasse la bégueule... mais, dites-moi, pourquoi n'avez-vous pas fait paraître ce livre plus tôt... ou bien, il fallait le donner en entier dans l'*Écho de Paris*... Je suis persuadé, qu'il y a six mois, avec ce livre et une campagne vigoureusement menée par la presse, c'en était fait de la Censure...

— Mais, cher Maître, il me semble que la Commission doit se réunir d'ici quelques semaines?...

— Vous croyez cela... détrompez-vous, allez... l'affaire est encore bel et bien enterrée, cette fois-ci... un renvoi à la Commission, on sait ce que ça signifie en style parlementaire... d'ailleurs ils ont voté le traitement des Censeurs... ils l'ont voté...

— Croyez-vous néanmoins que ce livre puisse avoir son utilité, quant à présent?

— Certainement, parbleu... à la grande rigueur la question peut revenir à la Chambre... mais il faudrait pour cela qu'un député voulût... enfin, n'importe, ce livre sera d'un effet excellent... il y a dedans des rapports qui sont de purs chefs-d'œuvre... l'interdiction de *Lorenzaccio* dépasse tout ce qu'on peut rêver... interdire *Lorenzaccio?*... je vous demande un peu, un chef-d'œuvre de Musset... d'ailleurs toutes les interdictions se valent... il suffit de lire ces pages pour en voir l'intelligence... là-dessus mon opinion est vieille... et elle n'a jamais changé... j'ai déjà dit ce que je pensais de la Censure à diverses reprises... notamment lors de *Germinie Lacerteux*... et plus tard dans une lettre à la Commission de la Chambre...

— M'autorisez-vous à reproduire ces deux lettres, en tête de ce livre?

— Je n'ai pas à vous en donner l'autorisation, ces lettres sont devenues publiques... n'importe qui peut les reproduire...

— Vous les avez là?

— Non, mais adressez-vous à Delzant[1]... il collectionne tout ce qui paraît sur moi et se fera un plaisir de vous les communiquer...

— Puisque vous parliez de *Germinie Lacerteux*, cher Maître, vous devez être satisfait aujourd'hui... car enfin, vous venez de remporter pendant quinze jours une troisième et définitive victoire... Le public ne vous a pas mar-

[1] M. Alidor Delzant est l'auteur d'un très remarquable livre : *Les De Goncourt*.

chaudé ses applaudissements, cette fois...

— Oui... Oui... je suis très content... d'autant plus content que la lutte a été dure... je me rappelle la première représentation, voilà trois ans... ah! ce n'était pas la même chose... une salle nerveuse, houleuse, avec de la bataille dans l'air... et des sifflets... quand je pense qu'on a empêché de prononcer mon nom à la fin... et le lendemain, il fallait voir la presse... un éreintement sur toute la ligne... sauf Bauer et deux ou trois jeunes...

— J'aime à croire que la presse est revenue de son erreur?...

— Quelques journaux, oui...

— Et Sarcey?

— Oh! celui-là y a été de son éreintement.

— Je crois qu'il vous pardonnera difficilement l'esthétique de lampiste de théâtre que vous lui accordez dans votre journal... les normaliens ne veulent pas s'être trompés et ils ont la rancune dure...

— Oui, ils ont la rancune dure... après tout, on peut se passer de l'approbation de Sarcey...

Sur ce dernier mot nous quittons M. Edmond de Goncourt, en les yeux duquel se lisent le sentiment du triomphe, la certitude d'une grande œuvre accomplie, la paix d'une âme sereine, et surtout, peut-être, la conscience d'être une force victorieuse.

II

Nous donnons ci-dessous les deux lettres écrites par M. Edmond de Goncourt à la Commission de la censure.

PÉTITION DE M. EDMOND DE GONCOURT DEMANDANT A LA CHAMBRE DES DÉPUTÉS LA SUPPRESSION DE LA COMMISSION DE CENSURE.

*En dépit de l'insuccès de la pièce, et du satis*fecit *donné par le public et la grande majorité de la critique à la censure, je donne cette pétition écrite avant la représentation. Je ne me fais aucune illusion, elle n'aura point aujourd'hui d'écho, signée de mon nom, ce nom honni et conspué, qu'hier une salle de première ne voulait pas laisser entendre prononcer, comme un nom déshonorant la littérature française!. Mais qui sait, peut-être, un jour elle servira à ceux qui viendront après moi*[1].

[1] Tous les passages en italique ont été marqués au crayon bleu par les censeurs.

Messieurs les Représentants,

Il y a quelque temps, un journal m'a fait l'honneur de me demander mon opinion sur la censure. J'ai répondu à ce journal, qu'à mon sens, la censure était un vieux débris oublié de l'ancienne monarchie, une institution *moyenageuse*, aurait dit Théophile Gautier, et toute déplacée dans un régime de liberté de la parole et de l'imprimé, et je citais quelques suppressions maladroites de la censure, conservées dans la *Revue rétrospective* et autres recueils. Mais, messieurs je ne parlais là que de la censure de la Restauration, de la censure de Louis-Philippe, de la censure de Napoléon III, je ne me doutais pas de ce qu'était la censure de la République en 1888, et je ne pouvais supposer qu'à la veille de l'anniversaire de 89, un directeur de théâtre aurait à combattre, un quart d'heure, pour faire rétablir dans le texte cette phrase de son auteur : *je suis prête d'ac-*

coucher, — phrase que tout curieux de l'histoire littéraire de son temps, peut lire sur le manuscrit conservé au ministère de l'intérieur, soulignée de l'homicide crayon bleu.

Et remarquez, messieurs les représentants, que cette molestation du style et de la pensée de l'auteur s'adresse non à un industriel du théâtre, à un gagneur quand même d'argent, mais à un homme, auquel même ses ennemis littéraires reconnaissent une vie toute entière consacrée à la recherche de l'art, et à la trouvaille, s'il est possible, d'un *beau* moderne.

Assez de récriminations. Reproduisons simplement les phrases condamnées, les phrases soulignées par le crayon bleu, — dont quelques unes, il est vrai, ont été repêchées par Porel, mais au bout d'une bataille de deux grandes heures. Rien, je crois, ne sera plus éloquent près d'un public impartial que ce *fac-simile*.

DEUXIÈME TABLEAU

... Comment, fichtre, on est avec un amour d'homme

comme ça, et on ne le bécote pas tout le temps... *Ce qu'il doit être gentil sous le linge... Moi, je m'en ferai mourir d'un joli garçon comme cela...*

...C'est évident, ce n'est pas d'une pudeur absolument britannique, mais enfin c'est la grande Adèle qui parle.

... Mais voilà les hommes... ça ne peut pas aimer comme nous... faire l'amour rien qu'avec des caresses et des baisers... *Il leur faut...*

Ici, faites attention, ce sont les points qui sont incriminés, les points qui sont condamnables. Eh bien, je ne connais en ce genre de comparable, qu'une envie de poursuites dans les années de l'Empire, les plus hostiles à la littérature. Je me rappelle qu'en 1852, un directeur quelconque de la Librairie, eut l'idée de faire poursuivre le *Paris* de Villedeuil, pour trois lignes de points dans un article, mais il se trouva, fait extraordinaire, un chef ou un sous-chef, qui lui fit observer que jusqu'à cette année, seuls, les mots avaient été poursuivis, et que les points n'avaient point encore été cités en police correctionnelle.

TROISIÈME TABLEAU

... Elle avait été voir une tireuse de cartes, qui lui avait dit *qu'elle irait dans trois cabinets*, mais qu'elle n'irait pas devant la justice... Des blagues...

Je ne sais quelle intention érotique, obscène, MM. les censeurs ont prêtée à la tireuse de cartes, mais la pauvre femme est tout à fait innocente de ce qu'on lui prête; elle a voulu seulement dire que la petite passerait successivement dans le cabinet du juge d'instruction, du procureur du roi, du président du tribunal.

... Tout comme mon petit homme... *pourrait bien se faire qu'il nous fasse des queues*, hein! Mélie.

Voyons, avec toute la bonne volonté du monde, je ne puis faire parler des engueuleuses du bal de la *Boule-Noire* ainsi que dans la pièce correcte et en vers émancipés, que fabrique Dumény dans les coulisses, — et faire dire à Glaé :

— Peut-être qu'en ce moment Ernest m'est infidèle.

Me lâcheras-tu, *espèce de roussin*... tu vas voir tout à l'heure que je vais mordre.

Pourquoi cette suppression, quand dans le même tableau, la censure veut bien permettre : C'est de la rousse... un sergent de ville...

Mais puisque j'ai rien fait... que c'est pas moi, *nom de Dieu*, qu'est le coupable.

Cochon, tu as fait une vie de Sardanapale.

Toujours même observation, c'est une danseuse de la Boule-Noire qui parle.

... Toutes les mines de monsieur, quand il est derrière sa vitre, dans sa chemise blanche, sa cravate à la Colin, son pantalon qui *lui colle sur les reins*, sa raie au milieu de la tête.

Je ne comprends pas, mais absolument pas, la culpabilité de cette phrase.

QUATRIÈME TABLEAU

..... Si bien que très souvent *emmoutardé* par ces questions...

Emmoutardé ne veut dire qu'emmoutardé.

CINQUIÈME TABLEAU

Ce tableau, la commission de censure, sans l'exiger, et même sans trop insister, je dois l'avouer, a donné le conseil amical à Porel de le supprimer, comme un tableau faisant hors d'œuvre.

Oui... *je suis prête d'accoucher*... je vais mettre au monde ton enfant.

SIXIÈME TABLEAU

Elle ne fait pas mine de comprendre, *la pauvre bougresse*...

Expression pas distinguée, mais donnant un accent humain au récit.

Tiens, tiens... tous les deux en tête à tête, c'est y assez tableau de famille... *et la petite fripouille* qui est là...

Faut aux censeurs des mots nobles dans les crèmeries.

Mais allez, madame Jupillon, ce pays sera toujours *un pays où le derrière des gens... est le premier à s'asseoir.*

C'est une plaisanterie de peuple très drôle, qui n'a rien de licencieux, d'impudique, d'ordurier. De quel droit voulez-vous la supprimer cette plaisanterie ! Est-ce que vous êtes des juges de la qualité du comique d'une pièce?

HUITIÈME TABLEAU

... Et je meurs de ça, sais-tu, d'être devenue une misérable comme je suis, une... *putain*. Oui, je meurs de la tromper, de lui voler son affection, de la laisser m'aimer toujours comme sa fille, moi ! moi !

On remarquera que le mot putain est suivi dans le manuscrit et la pièce imprimée, de cette phrase : (Le mot doit être dessiné par la bouche, respiré et pas dit). Mais il faut être franc, le moyen n'avait pas été trouvé d'en faire un murmure, un souffle crachoté, et le mot impur, Réjane le disait superbement, et comme si elle se vomissait tout entière. Eh bien! quoique je sente, à propos de ce mot, que la majorité du public sera avec la censure, je soutiens que dans l'angoisseuse tirade où il se trouve, c'était un grand et déchirant cri, un cri de remords qui se dépouillait de sa signification ordinaire.

Et non, je n'aime pas le mot sale pour le mot sale, et j'ai, parfois même, des timidités à le risquer. Qu'on me permette, à ce sujet, de parler d'un de mes anciens livres. En 1864, lorsque je publiai *Renée Mauperin*, je racontai un duel, où un homme reçoit une balle dans le ventre, et dont le premier mouvement est de sentir ses pouces, qu'il a portés de suite sur les deux trous de sa blessure, pour s'assurer si l'intestin n'est pas perforé. Et je n'osai lui faire dire à mon homme que : « Ça ne la sent pas... je suis raté. » Je reculai devant le mot m... même écrit avec des points. Or donc, ce mot, savez-vous qui est le premier qui l'a imprimé tout vif, c'est un romantique, c'est un spiritualiste, c'est le grand Victor Hugo... Oui, oui, il est parfois besoin d'un mot *canaille*, d'un mot tout à fait canaille, parmi du sublime.

L'autre, je l'ai pris comme j'aurais pris n'importe qui... *J'étais dans mes jours où il me faut quelqu'un...* Je ne sais plus alors... ce n'est pas moi qui veux .. *Je l'ai pris, tiens, parce qu'il faisait chaud...* Mais celui de là dedans, c'est mon amant de malheur, quand je le vois, ma bouche, mes bras, mon corps, *tout ce que j'ai en moi de la femme*, tout ça, bon gré mal gré, va à lui.

Voilà un morceau qui me semble littérairement bien fait, et qui a le mérite, à mes yeux, de peindre le pauvre être détraqué qu'est la femme hystérique, et cela dans une langue passionnelle, aussi châtiée qu'est la langue de Phèdre. Eh bien! même avec ce que Porel a sauvé, le morceau n'existe plus. Mais je prie surtout le lecteur de faire attention à la dernière suppression *tout ce que j'ai en moi de la femme*, parce que, si une telle censure devait s'imposer à jamais, il n'y aurait plus pour un écrivain à faire de la littérature dramatique en France.

NEUVIÈME TABLEAU

... J'ai une drôle de voisine, allez, là...Elle a un *frère des Ecoles chrétiennes* qui la vient voir...

Ici, je l'avoue, j'ai une très grande reconnaissance à la censure. Le romancier qui a écrit *Sœur Philomène*, n'est point un mangeur de prêtres, surtout en ces jours-ci. Donc, je le répète, j'ai une très grande reconnaissance à la censure, car j'avoue qu'un amour imbécile de la vérité, un ressouvenir tyrannique du récit de la mourante sur son lit d'hôpital de Lariboisière, m'avait empêché de retirer de là, ce frère des Écoles chrétiennes, et de le remplacer comme il l'est par la désignation vague de « un homme ».

DIXIÈME TABLEAU

O Paris, *ô fichue cochonne de ville*, es-tu assez avare de ta sale terre pour tes morts... sans le sou !

Ce retrait de *fichue cochonne*, ça n'a pas l'air d'avoir d'importance? Ce retrait, cependant, tue tout le caractère de mon apostrophe. Dans le roman de *Germinie Lacerteux*, il y a deux pages sur la fosse commune que je regarde comme les meilleures pages que j'ai écrites, les pages contenant le plus de mon cœur, et vraiment, j'avais un orgueil d'écrivain dramatique d'avoir cru les condenser, ces deux pages, dans ces deux lignes — et dans ces deux lignes en la bouche de Mlle de Varandeuil, cette aristocrate de sentiments, à la langue peuple. Que fait la censure? — Voyons, là où se passe mon apostrophe *fichue cochonne* n'a rien de cochon. — Eh bien! la censure me défend de faire parler à Mlle de Varandeuil sa langue, et d'être, jusqu'à la fin de son rôle, la créature originale que je me suis efforcé de créer.

J'admets à la rigueur, à l'extrême rigueur, une censure gouvernementale, religieuse, morale, mais, messieurs les représentants, la censure dont je vous donne les petits arrêts de mort, est une censure littéraire, une censure comme il peut seulement s'en rencontrer dans les temps et les gouvernements autocratiques, une censure qui, au milieu du labeur de cette fin de siècle, vers la reproduction de la vérité, de la réalité dans tous les arts, cherche à assassiner les tentatives nouvelles par l'imposition du mot *noble* et de la tragédie, dans la peinture du monde moderne.

Et si, messieurs les représentants, ma demande n'est pas accueillie, appuyée, chez vous, je serais en droit de dire que la Chambre actuelle n'a aucun souci de l'indépendance, de la liberté des auteurs dramatiques de la France — et qu'en un mot la littérature de son pays ne lui est de rien.

19 février 88.

EDMOND DE GONCOURT.

LETTRE DE M. EDMOND DE GONCOURT, AU PRÉSIDENT DE LA COMMISSION DE LA CENSURE.

Mars 91.

Monsieur,

A quoi bon me déranger? La chose est jugée d'avance. Il y aura toujours en France, et même en une France républicaine ayant dans son programme la liberté de la pensée, il y aura toujours une censure, par ce sentiment qui, du haut en bas de l'échelle gouvernementale, fait du fonctionnaire de l'État français un monsieur qui aime à *embêter* le Français qui n'est pas fonctionnaire. Du reste, tout ce que j'ai à dire contre la censure, je l'ai écrit dans une lettre que voici :

. . . .

Vous me demandez mon opinion sur la censure, elle est très nette. La censure, pour moi, est seulement une source d'embarras pour le gouvernement.

Je voudrais le public seul juge des pièces, et on le calomnie quand on affirme qu'il se plaira aux pures *cochonneries*. Pour moi, il sera un censeur plus intelligent, fera mieux la différence de la pièce industrielle avec la pièce d'art, se montrera moins paternel à la gaudriole.

Puis, qu'il y ait conflit entre le public, au sujet d'une pièce pour un motif quelconque, et que ce conflit tourne à la bataille, je trouve très naturelle l'intervention du gouvernement, mais je ne voudrais pas l'interdiction immédiate, je voudrais une suspension, et au bout de huit jours — bien des colères et des animosités se calment en une huitaine à Paris — je voudrais qu'il y eût une reprise de la pièce, et que la pièce fût seulement supprimée, si la bataille se renouvelait.

Maintenant, le plus souvent, est-ce bien vrai

qu'une pièce soit refusée par la censure pour quelques mots vifs ou quelques mots canailles? Non. Non, la pièce est refusée chez tous les officiels et les *gouvernementaux* par un antique chauvinisme de la tragédie, par une religion du *personnage noble.*

En effet l'intérêt du public est passé successivement des Agamemnon et des rois de l'antiquité aux marquis du XVIIe et du XVIIIe siècle, puis des marquis aux bourgeois du XIXe siècle, et ils entendent, les censeurs, qu'on s'arrête à ce « personnage noble » de l'heure présente.

Ils ne se doutent pas, ces messieurs, qu'il y a cent cinquante ans, au moment où Marivaux publiait le roman de *Marianne*, ils ne se doutent pas qu'on lui jetait à la tête que les aventures de la noblesse pouvaient seules intéresser le public, et Marivaux était obligé d'écrire une préface, où il proclamait l'intérêt qu'il trouvait dans ce que l'opinion publique dénommait *l'ignoble* des aventures bourgeoises, affirmant que les gens qui étaient un peu philosophes, et non dupes des distinctions sociales, ne seraient pas fâchés d'apprendre ce qu'était la femme, chez une grosse marchande de toile.

Eh bien, à cent cinquante ans de là — ici je parle pour moi — il est peut-être permis à un esprit philosophe dans le genre de Marivaux, de descendre à une *bonne à tout faire*, à une *basse prostituée*. Et je le dis, en dépit de l'interdiction de la *Fille Elisa*[1] et du mauvais vouloir du gouvernement à l'égard de *Germinie Lacerteux*, ces deux pièces seront jouées avant vingt ans, tout aussi bien que les pièces à empereurs, à marquis, à gros bourgeois.

. . . .

Oui, n'est-ce pas, tout le monde a bien compris que la *Fille Elisa* n'a pas été interdite pour deux ou trois phrases du premier acte, dont la censure ne nous a jamais fait l'honneur de nous demander la suppression, que pour mon compte

[1] En collaboration avec M. Jean Ajalbert.

j'aurais consentie de suite, et ne doute pas un moment qu'Ajalbert eût fait comme moi. Non, comme je le disais dans ma lettre, elle a été interdite à cause du « personnage bas » qui est l'héroïne de la pièce, à cause de la question sociale soulevée par la plaidoirie du second acte, à cause peut-être du tableau épouvantant du silence dans le régime pénitentiaire, le régime actuel de la prison qui a hypocritement substitué à la torture physique une torture morale plus atroce.

Eh bien, la *Fille Elisa* vient d'être jouée à Bruxelles, sans récrimination aucune, et faisant le *maximum* — un mot qui rend les gens de théâtre respectueux. Il me revient qu'on est en train de la traduire en deux ou trois langues, et qu'elle sera jouée avant la fin de l'année, dans une partie de l'Europe. En France seulement, où un labeur acharné de quarante ans, un effort dans toutes les branches de la littérature, une action incontestable sur le mouvement intellectuel de ces derniers temps, me méritaient, il me semble, de pouvoir n'être pás empêché d'arriver au grand public, en France seulement la pudeur de la censure de ma patrie me le défend.

Veuillez agréer, monsieur, l'assurance de ma haute considération.

EDMOND DE GONCOURT.

LA CENSURE
SOUS NAPOLÉON III

Théâtre du Vaudeville

—

LA DAME AUX CAMÉLIAS

Drame en cinq actes et six tableaux [1]

PREMIER RAPPORT

28 août 1851.

Cette pièce est la mise en scène de la vie fiévreuse, sans retenue et sans pudeur, de ces femmes galantes, sacrifiant tout, même leur santé, aux enivrements du plaisir, du luxe et de la vanité, et finissant parfois, dans leur

[1] Jamais peut-être œuvre dramatique ne courut des fortunes aussi diverses que *la Dame aux Camélias*. Cette comédie fut tout d'abord écrite sous forme de vaudeville, dont le principal rôle

satiété, par trouver un cœur dont elles suivent les entraînements jusqu'aux plus extrêmes excès du dévouement et de l'abnégation de soi-même.

Telle est Marguerite, surnommée *la Dame aux Camélias* parce qu'elle n'aime et ne porte que cette fleur sans parfum. De simple ouvrière en lingerie, elle est parvenue à avoir pour galant protecteur un vieux duc, et pour amant en titre un riche comte dont les libéralités s'élèvent ensemble, par année, *sans compter les cadeaux étrangers*, à cinquante mille francs, qu'elle dépense d'autant plus follement, que, croyant sa

était destiné à Déjazet. Mais celle-ci recula devant ce réalisme et n'osa revêtir la robe de soie de Marie Duplessis. On en fit une comédie. Dans *la Dame aux Camélias*, Mme Doche devait rencontrer un des plus grand succès. Dumas fils lui disait aux répétitions : « Jouez cela comme si vous étiez chez vous. »

La Dame aux Camélias devait être représentée en septembre 1851. M. Léon Faucher maintint, après réflexion, l'interdiction prononcée tout d'abord contre la pièce, pourtant remaniée depuis et corrigée. Il fallut l'avènement de M. de Morny pour en permettre la représentation. Aussi M. Dumas dédia-t-il sa pièce au futur auteur de *M. Choufleury*.

On trouvera dans ces rapports de la censure le texte primitif et quelques-unes des crudités premières de la pièce.

vie atteinte mortellement par un mal inconnu, elle la veut *courte et bonne.*

Au milieu d'une soirée, où elle réunit dans son boudoir ses familiers les plus intimes, un nouvel adorateur lui est présenté ; c'est Armand Duval, fils d'un receveur général, qui s'est épris pour elle d'une ardente et profonde passion ; sa réserve, sa rougeur, sa décence excitent d'abord les railleries de la maîtresse du lieu et de son joyeux entourage ; mais bientôt, dès les premiers pas d'une scottisch, Marguerite s'arrête, saisie par un étouffement subit : une gorgée de sang a rougi son mouchoir ; ce n'est rien, elle y est habituée, et, sur son invitation de la laisser seule, ses amis passent indifféremment au salon *allumer leur cigarette* ; mais Armand, effrayé et pâle lui-même d'émotion et de crainte, reste auprès d'elle, et avec le plus tendre intérêt, il lui fait envisager les dangers de la vie dévorante qu'elle mène, la conjure d'y renoncer et de se soigner, s'offrant à la servir comme un frère et promettant de la guérir. Marguerite, étonnée, ne répond d'abord à son dévouement et à l'aveu de son brûlant amour qu'en l'engageant *à prendre la porte et à se sauver d'elle;* il est trop jeune et trop sensible pour vivre dans un monde comme le sien; avec son bon cœur il a besoin d'être aimé, et elle, *grâce à Dieu, n'a jamais aimé personne.* Ce mot exalte encore plus Armand, et Marguerite, par une sorte de pitié, finit par lui dire *de venir la voir et de ne pas trop désespérer.* Ce n'est point assez pour lui. — *Qu'il demande alors ce qu'il veut et qu'il fasse lui-même sa carte.* — Ce qu'il veut, *c'est qu'elle congédie tout le monde et qu'il reste seul avec elle.* — *Ce soir, non, impossible,* mais elle lui donne une fleur de son bouquet, *il la lui rapportera quand elle sera fanée, dans vingt-quatre heures,* et il est minuit, *mais il sera discret, obéissant.* Armand promet tout et se retire, ivre d'espoir et de bonheur. Marguerite songe alors à rejoindre sa société, mais en ouvrant la porte du salon, elle trouve sur le seuil un papier où elle lit : *Bonne nuit.* Ils ont tout entendu, tout deviné et ils sont partis. — *Eh bien ! il ne sera pas dit qu'ils se seront trompés,* et elle ordonne à sa femme de chambre de *rappeler M. Duval.*

Après quatre jours consécutifs où Armand est *revenu chaque soir à minuit pour ne se retirer qu'à l'heure ou partent le matin les gens qu'on aime et qu'on reçoit à minuit,* Marguerite demande à son amant la liberté de la cinquième nuit; mais Armand, *fou d'amour, est déjà jaloux comme un tigre* ; il soupçonne qu'elle a quelqu'un à recevoir : *non,* mais elle est *fatiguée et ce n'est pas tous les jours ou plutôt toutes les nuits fête. — Jure-moi donc que tu n'attends personne. — Je te jure que je t'aime et que je n'aime que toi, cela te suffit-il?* Armand se retire à regret et le comte, *qu'elle a cru aimer aussi,* le remplace. Marguerite a rêvé d'aller passer deux ou trois mois à la campagne avec Armand, seul à seul ; déjà elle a fait demander 6,000 francs au vieux duc qui les lui a envoyés, elle a besoin encore de 15,000 francs, et, comme le comte ne se trouve pas en fonds, elle lui demande de lui faire pour 18,000 francs de traites. En ce moment, on apporte une lettre, elle est d'Armand : en sortant, il a aperçu le comte entrer chez Marguerite et renvoyer sa voiture ; il lui demande pardon du seul tort qu'il a de n'avoir pas cent mille francs de rente, et lui annonce qu'il quitte Paris à l'instant. — *Voilà une bonne nouvelle, mon cher Julien, vous gagnez 18,000 francs à cette lettre, j'étais amoureuse, je voulais te les faire payer, mon pauvre comte, pour pouvoir vivre un peu plus tranquille. — Avec l'autre? — Oui; allons souper, j'ai besoin de prendre l'air.* Cependant Armand n'est pas parti ; dans son désespoir, il a couru chez une amie de Marguerite demeurant dans la même maison ; il veut revoir la perfide, mais cette amie, craignant qu'il ne se passe une affaire avec le comte, fait prévenir Marguerite (encore à la porte, attendant dans sa voiture une pelisse pour se garantir du froid), qu'il faut qu'elle lui parle à l'instant. Celle-ci remonte et, en apprenant qu'Armand est là, elle fait dire au comte qu'elle se trouve indisposée et le congédie. Armand paraît et se précipite à ses pieds. Elle lui rappelle *qu'elle ne s'appartient pas, qu'elle n'a pas un sou de fortune et dépense cent mille francs par an; il faut prendre les gens comme ils sont et comprendre leur position. « Je suis femme, je suis jolie, je suis bonne fille, vous êtes un garçon d'esprit, prenez de moi ce qu'il y a de bon, laissez ce qu'il y a de mauvais et ne vous occupez pas du reste. J'avais rêvé de passer deux mois à la campagne avec vous ; mais, pour l'accomplissement de ce rêve, j'avais besoin de cet homme; au bout de ce temps qui aurait suffi à calmer et à éteindre même notre grande passion, car dans notre monde, quand une passion a duré deux mois, elle a fait tout son temps, nous serions revenus à Paris, nous nous serions donné une bonne poignée de mains, et nous nous serions fait une bonne amitié des restes de notre amour. Cela t'humilie, ton cœur est un grand seigneur, n'en parlons plus; tu m'aimes depuis quatre jours, envoie-moi un bijou et que tout soit fini.»* Mais Armand n'écoute rien que sa passion, il prie, il conjure, il insiste, et Marguerite subjuguée, transformée, cède enfin en s'écriant : *« Ne réfléchissons plus, ne raisonnons plus, nous sommes jeunes, nous nous aimons, marchons en suivant notre amour. »*

Les deux amants ont passé deux mois à Bougival dans un bonheur toujours croissant; mais le vieux duc et le comte ont à la fois cessé leurs libéralités, et Marguerite, qui ne veut pas recourir à la bourse d'Armand, n'a pu suffire à ses dépenses qu'en vendant successivement ses chevaux, sa voiture, ses cachemires et ses bijoux. De plus, ses créanciers, n'ayant plus le duc et le comte pour répondants, ont exigé leur payement, ils ont saisi les meubles de Paris et s'apprêtent à les faire vendre.

D'un autre côté, le père d'Armand a supprimé sa pension; Marguerite se dispose à céder à vil prix son riche mobilier et à se retirer avec son amant dans le plus modeste logis, lorsqu'apparaît M. Duval. Il tente d'abord l'effet de son pouvoir paternel sur son fils; ne pouvant rien en obtenir, il s'adresse à Marguerite et finit par arracher à son amour et à son dévouement, non seulement qu'elle quitte son amant, mais qu'elle le persuade qu'elle ne l'aime plus. La malheureuse fille consomme ce double sacrifice, et pour lui ôter toute incertitude et tout espoir, elle accepte les offres d'un de ses riches adorateurs, dont elle devient la maîtresse. Mais un si grand effort a épuisé son courage et ses forces; le mal dont elle est atteinte fait des progrès rapides, elle est mourante; elle se meurt, et bientôt expire dans les bras d'Armand, revenu près d'elle, plus fou d'amour, et dont le pardon, à cette heure suprême, l'absout et la console.

Cette analyse, quoique fort incomplète sous le double rapport des incidents et des détails scandaleux qui animent l'action, suffira néanmoins pour indiquer tout ce que cette pièce a de choquant au point de vue de la morale et de la pudeur publiques.

C'est un tableau dans lequel le choix des personnages et la crudité des couleurs dépassent les limites les plus avancées de la tolérance théâtrale. Ce qui ajoute encore à l'inconvenance du sujet et à sa mise en scène, c'est qu'ils ne font que reproduire la vie d'une femme galante, morte récemment, et qui a fourni à un romancier et à un spirituel critique, un livre et une biographie devenus populaires et qui expliquent tout ce que certaines situations et certains détails pourraient avoir d'indécis [1].

[1] Le romancier (est-il besoin de le nommer ?) c'est M. Dumas fils, le critique n'est autre que M. Jules Janin.

Par ces considérations, et d'un avis unanime, nous avons l'honneur de proposer à Monsieur le Ministre de ne point accorder l'autorisation de représenter cette pièce.

DEUXIÈME RAPPORT

1er septembre 1851.

M. Bouffé, au nom du directeur du Vaudeville, ayant fait une démarche auprès de nous, à l'occasion de la pièce *en cinq actes et six tableaux, sans couplets*, présentée pour ce théâtre sous le titre : *la Dame aux Camélias*, nous a demandé de prendre connaissance d'un nouveau manuscrit de cet ouvrage, d'où l'auteur avait, disait-il, fait disparaître les passages qui avait le plus éveillé la susceptibilité.

Nous n'avons pas cru devoir nous refuser à ce nouvel examen ; une seconde lecture de la pièce nous a convaincus qu'elle restait la même, quand au fond et aux principaux développements ; c'est toujours la même peinture des mœurs et de la vie intime des femmes entretenues. Marguerite continue à prendre des mains du vieux duc et de celles du comte, dans la pensée de liquider son passé et de vivre tranquillement à la campagne avec *Armand, qu'elle aime pour lui-même*, et lorsqu'elle a été amenée à renoncer à cet amant, elle accepte les offres de fortune de M. de Varville, dont elle devient publiquement la maîtresse.

Dans cette situation des choses, nous persistons unanimement dans la considération et les conclusions de notre rapport du 28 août dernier.

TROISIÈME RAPPORT

1er octobre 1851.

Nous avons reconnu par une troisième et consciencieuse lecture de *la Dame aux Camélias* que de nombreux retranchements ont été opérés sur le manuscrit que nous a envoyé Monsieur le Ministre. Mais nous nous sommes convaincus en même temps que cette suppression de détails plus ou moins choquants laisse subsister les inconvénients que nous avions signalés, quant au fond de l'ouvrage, dans nos rapports des 28 août et 1er septembre derniers.

Deux tableaux, il est vrai, ont été fondus en un seul; mais ce travail, ainsi que les autres retranchements, n'ont rien changé à la partie générale de la pièce; elle a été raccourcie et non refaite. Le drame reste le même comme point de départ, incidents, mœurs et caractère des personnages.

En conséquence, et tout en regrettant le devoir qui nous est imposé, nous croyons devoir persister dans nos conclusions des rapports qui précèdent.

Théâtre Français

—

LE CHATEAU DE LA SEIGLIÈRE

Comédie en quatre actes [1]

6 septembre 1851.

Le marquis de la Seiglière, revenu depuis deux ans de l'émigration, vit grandement dans son château de la Seiglière, devenu pendant la Révolution la propriété de son fermier Stamply. Celui-ci, dont le fils, chef d'escadron dans un régiment de hussards, a péri dans la campagne de Russie, s'est empressé de remettre sans indemnité à son ancien seigneur les biens qui constituaient jadis son patrimoine.

Bon compagnon, d'humeur joyeuse, aimant la chasse et la table, le marquis de la Seiglière joint, aux défauts qui lui sont propres, l'égoïsme

[1] Cette pièce a été représentée sous le titre de *Mademoiselle de la Seiglière*. Auteurs : MM. Jules Sandeau et Régnier. L'affiche ne porta que le nom de M. Sandeau.

et la faiblesse, les travers et les défauts qu'il est d'usage d'attribuer aux hommes de l'ancien régime. Revenu un des derniers de l'émigration, afin de ne pas rentrer en France avant les princes de la maison de Bourbon, il est demeuré étranger à tout ce qui s'est fait pendant vingt-cinq ans dans son pays, et y apporte, au milieu des idées nouvelles, les idées et les prétentions d'un autre temps. Aussi sa réintégration dans la possession de ses biens lui semble-t-elle chose toute simple, et l'acte de donation en vertu duquel cette réintégration a été faite, une pure formalité. Dès lors la conduite de Stamply n'est à ses yeux qu'un acte de rigoureuse probité, dont il lui sait gré pourtant ; car le vieux paysan est d'abord logé au château, fêté et choyé. Mais bientôt négligé, il ne tarde pas à quitter son logement pour la maison du garde, et la table du marquis pour celle de l'intendant. Hélène, la fille de M. de la Seiglière, née pendant l'émigration, se montre plus ferme dans sa reconnaissance et continue au vieillard jusqu'à son dernier jour les soins et les attentions d'un cœur tendre et dévoué. C'est par cette donnée que s'ouvre le premier acte.

Un étranger se présente au château de la Seiglière et demande à voir le marquis. Celui-ci n'est pas encore levé ; son déjeuner l'attend, et après son déjeuner, il doit se mettre en chasse. L'étranger est invité à aller faire une promenade dans le parc. Bientôt le marquis, descendant avec sa fille Hélène, trouve la baronne de Vaubert, sa voisine et son amie, dont le fils, Raoul de Vaubert, doit épouser mademoiselle de la Seiglière.

Destournelles, avocat de Poitiers, épris de la baronne qui fut sa cliente, ne la trouvant pas au château de Vaubert, vient la chercher jusqu'à celui de la Seiglière. Reçu cavalièrement par le marquis qui se moque de lui, éconduit par la baronne, il jure de se venger, et l'occasion ne s'est fait pas attendre. La voici qui vient avec l'étranger. Celui-ci n'est autre que Raymond Stamply, laissé pour mort sur le champ de bataille de la Moscova ; Destournelles souffle le feu de la colère dans l'âme du jeune officier en lui faisant un tableau envenimé de l'ingratitude dont son père a été l'objet ; il lui apprend que la donation est nulle du moment qu'il existe, *le mort saisissant le vif*, et l'engage à en demander la nullité. Raymond, ainsi animé, n'hésite pas à donner ses pleins pouvoirs à Destournelles.

Au deuxième acte, Raymond se présente au château de la Seiglière, escorté de Destournelles. L'avocat entame la conversation, mais le bouillant jeune homme ne tarde pas à mettre de côté tout ménagement, en prenant lui-même la parole. Dès lors, une scène des plus vives s'engage; le droit de confiscation exercé à tort ou à raison par la Convention, est discuté, nié vivement par le marquis, maintenu avec violence par Raymond. L'arrivée d'une femme jeune et belle, Hélène, met subitement un terme à cette scène. Raymond lui est présenté comme le fils de Stamply. La noble fille lui tend la main, l'accueille comme un frère et déclare qu'il habitera le château. La baronne de Vaubert, femme habile et clairvoyante, a reconnu la main de Destournelles dans l'éclat qui vient d'avoir lieu, et trouve le moyen de l'éloigner en l'envoyant à Paris, à la poursuite d'un siège de conseiller à la cour royale de Poitiers, qu'il postule.

Au troisième acte, le rideau se lève sur une scène d'intérieur : Hélène dessine près d'une fenêtre, Raymond, installé depuis trois semaines au château, est auprès d'elle et l'aide de ses conseils; le marquis, près de la cheminée, lit la *Gazette* et la *Quotidienne*. Le marquis a trouvé dans Raymond un compagnon selon ses goûts ; actif, infatigable, le jeune officier est de toutes les chasses. Il n'a plus été question, du reste, entre eux, de la propriété de la Seiglière.

Pour le moment le marquis lit son journal ; une réflexion de lui amène une discussion ; le marquis parle légèrement de l'Empereur et de ses compagnons d'armes. Raymond les défend avec vivacité ; la discussion s'échauffe. Hélène intervient ; Raymond cède, car Raymond ne sait pas résister à Hélène. Le fils de Stamply aime éperdûment mademoiselle de la Seiglière ; mais l'ivresse où se noie son cœur ne tarde pas à être troublée. Destournelles revient de Paris plus furieux qu'avant, car il n'a rien obtenu. Il cherche à rallumer le feu de la discorde. Étonné de la résistance qu'il trouve chez Stamply, il devine aussitôt que l'amour est en jeu. Son esprit délié trouve dans ce qui devait déranger ses plans de vengeance, un nouveau moyen de les mettre à exécution. La solitude où vit Hélène a dû rendre plus sensible pour elle les soins de Raymond. Nul doute qu'elle ne l'aime aussi. Destournelles fera le bonheur des jeunes gens ; il portera la lumière dans leurs cœurs, amènera leur mariage, détruira ainsi les espérances de Mme Vaubert, et humiliera l'orgueil du marquis par une mésalliance. Dans ce but il ménage habilement une explication entre Hélène et Raymond, dans laquelle la jeune fille avoue qu'elle partage l'amour qu'elle a inspiré. Tranquille de ce côté, Destournelles part pour Poitiers, afin d'amener le dénouement qu'il espère. De son côté, Raymond, décidé à ne pas exproprier la femme qu'il aime, se rend chez un notaire pour confirmer la donation faite par son père. La baronne de Vaubert, qui a deviné l'amour de Raymond pour Hélène, s'en applaudit, certaine qu'il ne réclamera pas les biens qu'elle voit déjà la propriété de son fils par son futur mariage avec Hélène.

Au quatrième acte, le marquis de la Seiglière vient de recevoir un papier timbré; il le touche avec dégoût, l'ouvre du bout du doigt et finit par en lire le contenu. C'est une citation à comparaître devant le président du tribunal jugeant en référé pour s'entendre dire que la donation à lui faite est nulle. Cette citation est faite par Destournelles, en vertu des pleins pouvoirs à lui donnés au premier acte par Raymond. Le marquis, qui s'est contenu pendant toute la lecture de cette pièce, éclate enfin; il demande son épée, *l'épée de ses pères*, pour la passer à travers le corps de Destournelles qui est présent. Celui-ci tient bon. Le premier feu passé, la colère du marquis tombe. Destournelles alors, par un long et habile détour, arrive à lui parler d'un moyen de terminer à la satisfaction des parties cette grosse affaire : c'est de marier Hélène avec Raymond. Le marquis bondit à ces mots; mais Destournelles avec son adresse habituelle, réussit par les raisonnements les plus spécieux à le convaincre de la nécessité d'une alliance avec les libéraux, en vue des révolutions à venir. Le marquis, qui n'a pas de principes bien enracinés, qui aime par-dessus tout ses aises et qui ne voudrait pas recommencer la vie de privations qu'il a menée à l'étranger, finit par abonder dans son sens. Mais la difficulté est de rompre les engagements pris avec la baronne de Vaubert.

Destournelles engage le marquis à montrer à la baronne le papier timbré qu'il tient à la main, persuadé que cette vue la rendra facile et accommodante; mais la baronne, en femme d'intrigue, a deviné le piège et le déjoue habilement. Elle réussit même un moment à faire rompre tout projet d'union avec Raymond, en exaltant la noble et légitime susceptibilité de Mlle de la Seiglière, qui apprenant qu'au dire de la loi elle n'est pas chez elle, prend le bras de Raoul de Vaubert, dont elle déclare qu'elle sera la femme, et s'apprête à quitter le château. Mais instruit de l'amour qu'Hélène et Raymond nourrissent l'un pour l'autre, Raoul de Vaubert renonce à toute prétention à la main d'Hélène, qui, touchée de la générosité et du désintéressement dont Raymond vient de faire preuve envers le marquis, en confirmant purement et simplement la donation faite par son père, n'oppose plus de résistance aux vœux du jeune officier. Mme de Vaubert, en femme de goût et d'esprit, se venge de Destournelles en lui remettant sa nomination de conseiller qu'elle avait en portefeuille.

Certes, il n'y a dans la donnée de cette comédie rien qui ne soit parfaitement moral, et nous n'aurions eu qu'à en proposer l'autorisation, si nous n'avions cru voir, dans la discussion sur les *biens nationaux*, une occasion possible d'irritation, et dans le marquis, personnification ridicule et odieuse *jusqu'à un certain point* de l'ancien régime, un motif suffisant pour certaines susceptibilités de se produire. Nous avons fait à ce sujet des observations aux auteurs, M. Jules Sandeau et M. Régnier, de la Comédie-Française, qui nous ont répondu :

« Qu'étrangers par leurs travaux aux luttes « politiques, ils n'avaient voulu faire qu'une « œuvre purement littéraire, et tracer des por- « traits qu'ils avaient cherché à rendre ressem- « blants; qu'auprès du marquis de la Seiglière, « dont le rôle nous effrayait, ils avaient placé, « dans les conditions les plus nobles et les plus « sympathiques, deux personnifications de la « jeune aristocratie de ce temps-là, Mlle de « la Seiglière et Raoul de Vaubert; qu'ils ne « pouvaient modifier profondément le person- « nage du marquis sans décolorer leur œuvre; « qu'ils prenaient néanmoins nos observations « en sérieuse considération, et qu'ils étaient « disposés à supprimer dans leur comédie ce « qui serait de nature à blesser *sérieusement* « les susceptibilités dont nous les entrete- « nions. »

Ce travail a été fait. Bien qu'il ne soit pas aussi radical que nous l'aurions peut-être dé- siré, nous reconnaissons que les passages que nous avions plus spécialement signalés aux auteurs ont été supprimés ou modifiés, et nous sommes portés à croire que la pièce pourrait être jouée sans soulever de réclamations sérieuses. Nous sommes donc d'avis que l'autorisation pourrait être donnée. Toutefois, en raison des questions délicates auxquelles touche la pièce, et dans l'ignorance où nous sommes du *degré de protection* que Monsieur le Ministre entend accorder aux susceptibilités qui pourraient être froissées, nous croyons devoir appeler sur cet ouvrage son attention toute particulière et provoquer son appréciation personnelle. »

Théâtre de l'Odéon

—

ANDRÉ DEL SARTO

Drame en deux actes [1]

PREMIER RAPPORT

13 octobre 1851.

Au point du jour, un homme enveloppé d'un manteau et masqué descend furtivement par la fenêtre d'une chambre, en échangeant quelques mots avec une femme qu'on ne voit pas. Un vieux jardinier, Grémio, crie au voleur et reçoit un coup de stylet dans le bras. Cet homme masqué, c'est Cordiani, l'élève, l'ami le plus cher d'André del Sarto; cette femme, c'est Lucrèce, épouse infidèle du célèbre peintre florentin, qui n'a que deux affections au cœur, un amour *indéfinissable* pour sa femme, une

[1] Par Alfred de Musset.

amitié sainte pour son élève préféré, dans lequel il voit tout l'espoir de la peinture italienne. André s'aperçoit de la blessure de son vieux serviteur, il le presse de questions, et le vieux serviteur laisse échapper le fatal secret de la nuit. D'après l'ordre de son maître, il va se mettre en embuscade à la porte du jardin, par où doit venir l'amant ravisseur. Peu de temps après, Cordiani rentre dans le plus grand désordre. André le presse dans ses bras, lui demande la cause de son trouble extrême, en lui prodiguant les témoignages de l'intérêt le plus vif. Bientôt on crie que Grémio vient d'être assassiné. Quel est le meurtrier? André n'a vu personne; mais sa main est pleine de sang et il n'a touché que celles de Cordiani. Le sang de la victime lui a dénoncé le meurtrier. Mais ce secret n'est connu que de lui; grâce au ciel, l'aventure de la nuit n'a pas eu d'éclat, il se borne donc à rappeler à Cordiani toutes les souffrances de son existence, il a marché de déceptions en déceptions, il ne lui restait plus *rien au monde que son amour ; pour cet amour irrésistible, aveugle*, il a donné plus que sa vie, il a joué son honneur, en détournant follement au profit du luxe et des prodigalités de sa femme, une somme considérable que le roi François Ier lui avait confiée pour des commandes et des achats de tableaux ; et cette femme, cet unique bien, un homme le lui a volé; qu'il parte, qu'une liaison coupable soit rompue à jamais; et lui s'efforcera de regagner le cœur de sa femme et peut-être dix autres années d'amour et de dévouement sans borne pourront encore faire autant qu'une nuit de débauche. Cordiani partira, mais auparavant il veut revoir Lucrèce; il s'introduit dans sa chambre ; une servante le découvre et sort épouvantée : le déshonneur d'André est public; il renvoie Lucrèce à sa mère et provoque en duel Cordiani, qui tombe blessé et qu'on emporte ; pendant qu'André se livre au désespoir, *on voit passer le cercueil de Grémio.* André apprend la fuite de Lucrèce et de Cordiani. Il ne veut pas survivre à sa solitude; *qu'a-t-il à faire maintenant dans ce monde; ils s'aiment, qu'ils soient heureux;* il fait courir après eux pour leur dire que la *veuve d'André del Sarto* peut épouser Cordiani, puis jette dans une coupe de vin un poison subtil, le boit et expire.

Cette analyse suffit pour montrer tout ce que présente d'inadmissible la donnée de cette pièce et plusieurs des incidents qui concourent à l'action.

On y voit en effet l'amour exalté jusqu'à couvrir d'une sorte de justification la trahison, l'adultère et le meurtre et, comme dénouement, un mari s'empoisonnant, pour affranchir du remords une femme coupable et un ami parjure et couvert de sang.

Nous pensons en outre que la représentation

d'*André del Sarto* aurait des inconvénients particuliers sur un théâtre fréquenté par la jeunesse des écoles et subventionné par l'État.

En conséquence, nous ne croyons pouvoir proposer l'autorisation de cette pièce dans son état actuel.

Toutefois, il est une circonstance que nous devons signaler à la haute appréciation de M. le Ministre. Cette pièce, tirée d'un recueil imprimé depuis longtemps, a été jouée en trois actes, à la fin de 1848, sur le Théâtre-Français, où elle n'a eu qu'un petit nombre de représentations.

DEUXIÈME RAPPORT

16 octobre 1851.

Au moment où nous venions de signer le rapport ci-dessus, le directeur de l'Odéon, dans la prévoyance des difficultés que pouvait présenter la pièce dont il s'agit, est venu nous prier de lui faire connaître notre opinion, avant de la soumettre à M. le Ministre; nous n'avons pas cru devoir lui refuser et, sur sa demande, nous lui avons indiqué tout ce qui nous avait choqué dans l'ouvrage; il nous a témoigné le désir de faire part de nos observations à l'auteur et nous a rapporté un manuscrit avec des modifications importantes qui nous ont paru faire disparaître en grande partie les inconvénients que la pièce nous avait présentés. Ainsi, aux théories trop exaltées et paradoxales, qui d'ailleurs ont parfois été affaiblies dans leur expression, l'auteur a opposé des répliques en forme de correctifs qui en atténuent la portée; des détails trop vifs ont été supprimés ou adoucis. Cordiani meurt de sa blessure au dénouement et expie sa trahison et sa faute; ainsi, au lieu de deux coupables laissés libres et heureux par la mort d'André, il ne reste plus que la femme doublement punie de son crime par la perte de son amant et le suicide de son mari, dont le généreux dévouement ne peut maintenant qu'ajouter à ses remords.

Dans cet état de choses, et prenant en considération l'essai déjà fait par le Théâtre-Français de cette pièce qui était alors dans des conditions beaucoup moins admissibles, nous pensons qu'avec le changement radical que nous venons de signaler et les autres modifications faites par l'auteur, il n'y a plus lieu de maintenir les conclusions de notre rapport précédent.

En conséquence, nous proposons l'autorisation.

Comédie-Française

—

DIANE

Drame en cinq actes et en vers [1]

3 février 1852.

Dans cette pièce, les deux rôles dominants

[1] Par M. Émile Augier.

sont ceux de Richelieu et de Diane. La jenne fille flétrit si énergiquement l'assassinat d'un homme dont la vie est nécessaire à la France, que les inconvénients d'une conspiration nous paraissent couverts par l'effet général de l'ouvrage.

Ce drame, au surplus, a été lu directement, et verbalement autorisé par le prédécesseur de M. le Ministre, mais le visa n'a point été donné.

Indépendamment de cette haute décision, notre impression personnelle nous eut conduits à proposer l'autorisation, que nous avons en effet l'honneur de proposer à M. le Ministre.

Toutefois, un pareil sujet ne peut être traité, quelles que soient les bonnes intentions, la prudence et le talent de l'auteur, sans qu'il surgisse des possibilités d'allusion que nous devons signaler à la haute appréciation de M. le Ministre par la citation de quelques passages.

Quelque iniques et absurdes que soient de pareilles allusions, contre lesquelles se révolte notre conscience de citoyens, il est de notre devoir d'examinateurs d'aborder, sans faux scrupules, cette délicate question.

Quels reproches M. le Ministre n'aurait-t-il pas à adresser à notre imprévoyance, si, à l'occasion de ces passages, la malveillance des partis hostiles venait à se produire en plein théâtre !

ACTE II. — SCÈNE III

(Entre les conjurés)

Depuis :

Tuons le cardinal ; une fois le coup fait,
Nous irons à Sedan en attendre l'effet,

Jusqu'à :

Qui perd du temps perd tout contre un tel adversaire.
Sa mort est juste enfin, puisqu'elle est nécessaire.

. . . .

Ma haine des tyrans s'exhale dans un coin.
Qu'il me tarde, cordieu ! de secouer ma chaîne !

Etc.

Nous croyons devoir appeler sur cette scène toute l'attention de M. le Ministre et la soumettre particulièrement à sa haute appréciation[1].

Académie de Musique

LA FRONDE

Opéra en cinq actes

23 décembre 1859.

Cet opéra nous a paru être, contre l'intention bien évidente des auteurs et par la nécessité du sujet, imprégné d'un sentiment de

[1] Cette scène se retrouve, tout au long, dans le drame de *Diane* (voy. le *Théâtre complet* d'E. Augier, 1857, édition diamant, tome IV). On y lit aussi ces vers, qui ont dû paraître bien autrement actuels en 1871 qu'en 1852 :

Les maux intérieurs contre nous redoublés,
Ne envahissements contre nous refoulés,
Le territoire ouvert, l'ennemi dans Corbie,
Tant de sang répandu, tant de honte subie,
Voilà ce que l'on doit à cet homme fatal,
Voilà de quels malheurs est fait son piédestal !

révolte qui nous semble n'être pas sans inconvénient, même à l'Opéra; de plus, nous regardons comme dangereux, sur tous les théâtres, la mise en scène d'émeutes, les cris : *Aux armes!* etc., etc...

Dans cette position, nous ne croyons pas pouvoir proposer l'autorisation de cet ouvrage.

Toutefois, comme il s'agit d'un théâtre hors ligne et d'un public d'élite, nous croyons devoir soumettre cette grave question à la haute appréciation de Son Excellence M. le Ministre, ainsi que la convenance de la présence sur la scène de religieuses et de moines.

Nous croirions cependant manquer à nos devoirs en négligeant de signaler l'influence que peuvent avoir, même hors de la scène de l'Opéra, les chants des frondeurs et les cris : *Aux armes!* s'ils sont répétés sur d'autres théâtres, dans les cafés-concerts ou chantés sur la voie publique.

Nous attendrons sur tous ces points les ordres de Son Excellence.

Théâtre du Gymnase

DIANE DE LYS

Drame en cinq actes [1].

PREMIER RAPPORT

10 janvier 1853.

Ce drame..... quand la passion n'y prêche pas l'adultère, le vice élégant y raconte son immoralité. Les dangers que pourrait présenter à la scène un ouvrage de cette nature, nous ont paru de trois sortes :

Il atteint la famille, en attaquant les devoirs du mariage, en peignant sous de fausses couleurs

[1] Par M. Alexandre Dumas fils. Interdit pendant huit mois et ne fut représenté que le 15 novembre 1853.

les censeurs du grand monde, il fournit un texte aux déclamations contre les classes élevées de la société; enfin, il fait revivre sur la scène des théories corruptrices qui avaient envahi le drame et le roman modernes après 1830.

En conséquence et à l'unanimité, nous ne croyons pas pouvoir proposer l'autorisation de cet ouvrage.

Approuvé :

F. de Persigny.

DEUXIÈME RAPPORT

14 novembre 1854.

Sur les conclusions d'un rapport en date du 10 janvier dernier, M. le Ministre n'a point autorisé la représentation de *Diane de Lys*.

L'auteur ayant remanié son œuvre, a demandé un nouvel examen. Les modifications ont été capitales; elles ont porté sur les principales situations qui nous avaient paru rendre la pièce inadmissible.

La comtesse (c'est le même personnage que la marquise de la première version, c'est-à-dire Diane de Lys) n'est plus présentée comme le type des grandes dames, mais, au contraire, comme une exception qui n'entraîne ni comparaison, ni solidarité avec les femmes du monde (cela ressort de l'ensemble du caractère de Diane et est particulièrement établi dans la scène III du premier acte); de plus, elle n'a pas d'enfant, et l'auteur a supprimé tous les passages où elle semblait, par des théories générales, vouloir justifier sa passion adultère.

Ce personnage est devenu une sorte de Phèdre pour laquelle l'ennui, le délaissement et le désir de l'inconnu ont remplacé la fatalité antique; elle poursuit un but qu'elle n'atteint jamais, et, en définitive, elle est cruellement punie d'avoir méconnu les lois de la morale et même les convenances de la société où elle vit.

Sans nous faire illusion sur les inconvénients qui peuvent résulter encore d'une pareille création, nous pensons que des précédents et les libertés du théâtre la rendent admissible.

Les personnages qui l'entourent ont d'ailleurs subi des modifications qui atténuent encore la première version.

Le rôle de Paul est tout à fait dominé par celui du comte de Lys. Le mari donne de cruelles leçons au séducteur et, au dénouement, il le tue.

Marceline, l'honnête femme, amie de Diane, reste à l'égard de celle-ci dans les termes d'une amitié qui ne transige plus avec les sévérités du devoir.

La marquise (c'était la baronne dans le premier manuscrit) a cessé d'être odieuse pour n'être plus que ridicule.

Le rôle de Maximilien a été affaibli dans ses parties les plus excentriques.

Le duc d'Edolly (maintenant duc de Riva)

restreint les complaisances de son amitié envers Paul et Diane à des services avouables.

Enfin de nombreuses modifications de détail, soit dans la situation, soit dans le dialogue, ont mis le ton général de l'ouvrage en harmonie avec les changements que nous venons de signaler.

Tel qu'il est aujourd'hui, ce drame ne nous semble pas dépasser les bornes de ce qui est admis sur la scène.

En conséquence, nous proposons que la représentation en soit autorisée.

Porte-Saint-Martin

—

LE RÉVISEUR

Comédie en cinq actes et en prose [1].

PREMIER RAPPORT

12 janvier 1853.

La commission a pensé d'abord qu'une pièce

(1) Imitée de Nicolas Gogol. La pièce, jouée pendant la cam-

ayant pour objet la mise en scène des abus commis par des fonctionnaires publics, quoique dans un pays étranger, n'est pas sans inconvénient sur un théâtre du boulevard. Cependant, en précisant le lieu où se passe la scène, cet inconvénient paraît devoir perdre une partie de sa gravité, d'autant plus que cette pièce est traduite du russe. Nous n'avons pas pensé que cette circonstance fût suffisamment atténuante en ce qui concerne le personnage du Directeur des postes.

Il nous a paru dangereux de laisser voir ce fonctionnaire posé comme ayant l'habitude d'ouvrir les lettres confiées à son administration et obtenant l'assentiment et même la complicité du Gouverneur.

L'auteur, à qui nous avons signalé l'inconvénient de ce rôle, a annoncé l'intention d'at-

pagne de Crimée, était annoncée par des affiches illustrées représentant des *charges* plus ou moins amusantes de Russes. Elle n'eut qu'un très petit nombre de représentations.

tendre la haute décision de Son Excellence. Il allègue comme argument en sa faveur que cet ouvrage est la traduction d'une pièce russe déjà représentée à Saint-Pétersbourg.

Quant à nous, nous ne croyons pas pouvoir proposer l'autorisation de cette comédie dans son état actuel.

DEUXIÈME RAPPORT

15 avril 1854.

Conformément à la décision de Son Excellence, l'auteur a modifié le rôle du directeur des postes. Maintenant ce fonctionnaire ne décachète plus qu'accidentellement et pour un motif tout à fait personnel une lettre qui passe dans ses mains. Il n'est plus présenté comme ouvrant habituellement la correspondance confiée à son administration.

En conséquence, nous proposons l'autorisation de cette pièce sous le titre déjà soumis et accepté : *Les Russes peints par eux-mêmes.*

Théâtre des Variétés

MICHEL PERRIN

Vaudeville en deux actes.

4 mars 1853.

Ce vaudeville, joué pour la première fois au Gymnase en 1834, par conséquent sans examen préalable, a eu une longue série de représentations.

Chargés de revoir la pièce, qui doit être reprise au théâtre des Variétés, nous avons cru devoir faire à l'auteur quelques observations sur la partie de l'ouvrage qui touche au ministère de la police et à la police en général, institution contre laquelle les allusions sont d'ordinaire avidement saisies. Il ne nous a pas paru convenable que le Ministre dît de ses employés : « *qu'ils se vendaient tous pour un écu ;... qu'ils ne faisaient que des maladresses ;... qu'il fallait toujours promettre leur grâce aux accusés, sauf à ne pas tenir;... qu'on aurait besoin d'une bonne petite conspiration;... que les agents n'auraient pas l'esprit de la faire, etc.* »

L'indignation de Michel Perrin contre Fouché et la police nous a paru aller trop loin et avoir d'autant plus d'inconvénients que le rôle de l'ancien curé est plus honorable.

L'auteur est entièrement entré dans nos vues et a opéré des suppressions et modifications qui, sans nuire en rien à l'ouvrage, nous paraissent en faire disparaître les inconvénients.

En conséquence, nous proposons l'autorisation.

Théâtre Français

LA JEUNESSE DE LOUIS XV [1]

Comédie en cinq actes.

9 novembre 1853.

Louis XV a 23 ans, son amour pour la reine

[1] Par Alexandre Dumas.

s'est peu à peu refroidi. Cette princesse... a fait mettre un verrou à sa chambre à coucher... Toute la cour se ligue pour donner au roi une maîtresse, etc., etc.

..... Sans attaquer le fond même de la pièce, nous signalerons comme nous paraissant sortir de toutes les convenances du théâtre:

..... Le cynisme de complaisance conjugale de l'intendant des finances Deveau.

Le nom du cardinal de Fleury mêlé à une intrigue indigne de son caractère.

Et tout ce qui, dans le cours de la pièce, donne une couleur trop vive aux désordres de la cour et à cette coalition contre la sagesse du roi.

Ces graves inconvénients ne nous permettent, *dans l'état actuel de l'ouvrage*, d'en proposer l'autorisation.

Théâtre de l'Ambigu

—

LE MÉMORIAL DE SAINTE-HÉLÈNE

Drame en cinq actes.

PREMIER RAPPORT

7 avril 1852.

Le prologue de la pièce expose que l'Angleterre, sur le refus de divers personnages honorables, choisit pour gouverneur de Sainte-Hélène un homme signalé par les plus mauvais antécédents.

Ce prologue nous paraît, tel qu'il est, pouvoir donner lieu à des inconvénients qui ne seraient peut être pas sans gravité au point de vue de certaines relations internationales et diplomatiques, bien que les personnages anglais représentés appartiennent pour ainsi dire à l'histoire.

CABINET DU MINISTRE DE L'INTÉRIEUR

Le chef du cabinet a communiqué à M. le Ministre le manuscrit ci-joint. M. le Ministre est complètement de l'avis de M. le Directeur des Beaux-Arts, en ce sens qu'il pense comme lui que le prologue de la pièce doit être supprimé. (Samedi, 10 avril 1852.)

DEUXIÈME RAPPORT

15 avril 1852.

Dans un des tableaux de cette pièce, les auteurs ont mis dans la bouche de l'Empereur, à son lit de mort, les paroles suivantes, extraites textuellement du *Mémorial de Sainte-Hélène*.

« Approchez, monsieur! et vous tous; retenez « ce que vous allez entendre! C'est une suite « d'outrages dignes de la main qui me les pro- « digua! J'étais venu m'asseoir au foyer britan- « nique! Je demandais une loyale hospitalité, « et contre tout ce qu'il y a de droit sur la terre

« on me répondit par des fers ! Il appartenait à « l'Angleterre d'enchaîner les rois et de donner « au monde le spectacle inouï de quatre « grandes puissances s'acharnant contre un « seul homme ! *C'est votre ministère qui a « choisi ces horribles demeures pour y terminer « ma vie par un assassinat !* Il n'y a pas une « indignité, pas une horreur dont vous ne « m'ayez abreuvé ! Ma femme, mon fils même « n'ont plus vécu pour moi ! Vous m'avez tenu « six ans dans la torture du secret, *vous « m'avez assassiné* longuement, en détail, *avec « préméditation !* et l'infâme Hudson a été « l'exécuteur des hautes œuvres de *vos minis- « tres !* Vous finirez comme la superbe Répu- « blique de Venise ; et moi mourant sur « cet affreux rocher, privé des miens et man- « quant de tout, *je lègue l'horreur et l'opprobre « de ma mort* à la maison régnante d'Angle- « terre. »

M. le Ministre a déjà pris à la suite du rapport que nous avons eu l'honneur de lui adresser, une décision par laquelle a été retranché le prologue, qui avait pour objet de rendre le gouvernement anglais solidaire et complice des souffrances et de la mort de l'Empereur à Sainte-Hélène.

Cette décision nous amènerait logiquement à supprimer, dans le discours ci-dessus transcrit, les passages soulignés; mais attendu qu'il paraît y avoir un inconvénient grave à modifier et à atténuer des paroles devenues historiques, prononcées par l'Empereur et reproduites dans un moment si solennel, nous avons l'honneur de prier M. le Ministre de vouloir bien nous faire connaître ses intentions relativement au passage dont il s'agit.

Cirque National

—

NAPOLÉON, SCHŒNBRUNN

ET SAINTE-HÉLÈNE

Drame en deux actes.

16 avril 1852.

Nous avons regardé comme impossible toute la partie de l'ouvrage où des membres des Sociétés secrètes résolvent l'assassinat de l'Empereur, tirent au sort le nom de l'assassinat et glorifient son entreprise. Les auteurs et le directeur sont venus au-devant de nos objections; ils ont remplacé le projet d'assassinat par un plan vague d'insurrection à la tête duquel se trouvait le prince Charles lui-même. Il ne s'agit pour Frédéric que de traverser les lignes françaises pour porter une dépêche au Prince. C'est comme espion et non comme assassin qu'il est arrêté et serait fusillé, sans la grâce de l'Empereur.

Théâtre du Gymnase

—

UNE

PETITE FILLE DE LA GRANDE-ARMÉE

Vaudeville en deux actes.

20 avril 1852.

Cette pièce met en présence l'opinion bonapartiste et l'opinion royaliste sous la Restauration. Elle montre un colonel de l'Empire placé entre ses croyances politiques et ses affections de père, acceptant le grade de général quelques instants après avoir été arrêté comme conspirateur. La nouvelle de la mort de l'Empereur lève les scrupules du vieux soldat, en faisant disparaître les obstacles qui séparaient les deux amants. La scène où le général se rallie, celle où le sous-préfet vient annoncer la mort de l'Empereur, qui sert de dénouement *heureux* à la pièce, nous paraissent inadmissibes.

Tout en reconnaissant ce que les auteurs ont

mis de convenance à traiter ce sujet délicat, nous pensons que l'ouvrage présente au point de vue politique, les inconvénients que fait pressentir le titre : *Abeilles et Lys*, sous lequel il a été annoncé par plusieurs journaux.

En conséquence, nous ne croyons pas pouvoir en proposer l'autorisation.

Le Ministre refuse l'autorisation.

Théâtre de la Porte-Saint-Martin

LES NUITS DE LA SEINE

Drame en cinq actes [1]

4 juin 1852.

Nous avons pensé qu'il pouvait y avoir un inconvénient grave à montrer un général, un ministre de la guerre accusé, quoique à tort, de concussion, et mêlé à des tripotages

[1] Par M. Marc Fournier.

de fournitures, et nous avons jugé convenable de faire écarter ce personnage. Les auteurs lui ont substitué un membre de la Chambre des Députés, homme d'une haute probité, orateur éloquent dont les ennemis s'efforcent en vain de ternir la réputation au moyen de l'intrigue ourdie dans le principe par Roncevaux et un certain Bouvard, mauvais publiciste, fournisseur déloyal, contre le Ministre de la guerre.

Moyennant cette substitution de personnages, et des modifications opérées sur les manuscrits nous proposons l'autorisation.

Palais-Royal

YORK (ou RÉCOMPENSE HONNÊTE)

Vaudeville en un acte.

..... Indépendamment de la conclusion, qui laisse entrevoir ce que sera, pour l'honneur conjugal du mari, la récompense de la jeune femme, cette pièce nous a beaucoup préoccupés au point de vue de certaines susceptibilités que pourraient éveiller, surtout sur un théâtre excentrique comme celui du Palais-Royal, *deux vieux officiers de l'Empire, présentés sous une forme et avec des couleurs souvent grotesques.*

Sur nos observations, les auteurs ont changé le lieu de la scène qu'ils ont placée en Suisse, et ont substitué *à des officiers, à un soldat de l'Empire des officiers et un soldat prussiens*, ce qui nous paraît, avec les modifications de détail opérées, ôter les inconvénients que nous avons vus dans la pièce, dont le titre : *Récompense honnête*, a été remplacé par celui d'*York*, nom du chien qui sert de prétexte à l'action.

En conséquence, nous proposons l'autorisation dans l'état actuel de l'ouvrage.

PICOLET

Vaudeville en un acte.

PREMIER RAPPORT

2 août 1852.

..... Ce vaudeville repose uniquement sur les manœuvres employées par Chambourdon pour se faire élire membre du Conseil général. Miochin, désigné dans la pièce comme courtier d'élections, le seconde dans cette entreprise... Ces diverses circonstances, qui mettent en scène une série d'intrigues électorales tournées au grotesque et aboutissant à la nomination d'un conseiller général, nous paraissent inadmissibles.

En conséquence, nous ne croyons pas pouvoir proposer l'autorisation de cet ouvrage ; toutefois, nous soumettons cette question politique à la haute appréciation de M. le Ministre.

DEUXIÈME RAPPORT

25 septembre 1852.

Les auteurs de *Picolet* ont remplacé l'élection

au Conseil général par l'élection à la Chambre du commerce de Romorantin, où il n'en existe pas. Ce changement ôte à la pièce son caractère politique, et, dans l'état actuel, nous proposons l'autorisation, moyennant les modifications opérées sur les manuscrits.

Théâtre du Gymnase

LE VERROU DE LA REINE

Comédie en trois actes, en prose.

8 décembre 1853.

Cette pièce est la *réduction* en trois actes de la comédie *la Jeunesse de Louis XV*, destinée au Théâtre-Français et refusée par Monsieur le Ministre de l'intérieur, sur notre rapport du 9 novembre 1853... Nous avons relu cette comédie ainsi réduite, avec les préventions résultant de notre premier rapport et de l'interdiction qui en avait été la suite. Malgré de graves et de sérieuses atténuations, la pièce nouvelle nous a paru choquante dans plusieurs parties... Le théâtre, nous devons le dire, est entré franchement dans la voie que nous lui avons ouverte. Le premier acte a été profondément atténué; les personnages des princesses de Charolais et de Clermont et des dames de la Cour ont été tellement effacés, que ces rôles sont presque devenus de simples rôles de figurantes, etc., etc.

D'après toutes ces considérations, nous avons l'honneur de proposer à Son Excellence l'autorisation...

Comédie-Française

LA PIERRE DE TOUCHE [1]

Comédie en cinq actes, en prose.

19 décembre 1853.

... Tels sont, en résumé, l'impression et l'effet qui nous paraissent devoir résulter de la représentation de cette pièce, surtout après le soin que nous avons mis à faire disparaître ou à modifier certaines formules, telles que : *La société est mal faite; le riche dans les desseins de Dieu n'est que le trésorier du pauvre;* et quelques mots comme : *l'insolence des riches; la protestation du déshérité; Dieu n'est pas juste*, etc., etc., qui, par leur application, auraient pu éveiller les susceptibilités d'une partie des spectateurs.

En conséquence, nous proposons l'autorisa-

[1] Par MM. Jules Sandeau et Em. Augier.

tion, moyennant les changements opérés sur les manuscrits.

LA NIAISE

Comédie en cinq actes.

14 mars 1854.

... Nous avons à faire sur cette pièce une observation capitale. Le personnage d'un procureur général, placé dans les situations que nous avons cru devoir détailler dans l'analyse qui précède, ne nous paraît pas admissible au théâtre.

Un magistrat de l'ordre le plus élevé, chargé au nom du souverain et de la société de veiller sur les mœurs, de faire exécuter les lois et les arrêts, de poursuivre les délits et les crimes, peut-il être mis en scène dans des conditions si contraires à tous ses devoirs?

Salbry, le procureur général, fait le procès à la loi et à la jurisprudence de cette Cour de cassation à laquelle il sera appelé comme conseiller à la fin de la pièce.

Il se constitue au gré de ses passions juge des ordres de la justice. Il refuse de faire arrêter un duelliste, parce que le duel, en général, lui paraît légitime. Il voudra plus tard faire arrêter par vengeance ce même homme qu'il a caché dans son château.

Si sa femme le *trompait*, il la *tuerait*. Il saisit *en scène un fusil* pour faire justice d'un prétendu galant.

Il est père d'un enfant naturel qu'il a odieusement abandonné, et le remords qui pèse sur sa vie le rend soupçonneux et injuste envers les hommes et le Gouvernement.

Une destitution imméritée le frappe, et, malgré ses fautes réparées non par lui, mais par sa femme, la protection d'un Ministre, son ami, le fait nommer conseiller à la Cour de cassation.

Nous pensons qu'un tel tableau ne pourrait

que nuire à la considération du ministère public, de la Cour de cassation et de la magistrature en général.

Nous croyons qu'il donnerait lieu à de justes réclamations. La représentation de cet ouvrage dans les villes où siège une Cour Impériale n'aurait-elle pas des inconvénients encore plus directs ?

Quant à l'élection d'un membre du Conseil général et aux petites intrigues auxquelles elle donne lieu, nous ne pensons pas que cet incident sorte des bornes de la comédie, tout en réservant la suppression de quelques épigrammes contre le suffrage universel.

L'auteur auquel nous avons fait part de nos observations a refusé de s'y rendre, dans la pensée que des modifications aussi importantes équivaudraient à la suppression de la pièce ; il en appelle à la haute décision de Son Excellence, en s'appuyant sur des motifs, etc.

Quelle que puisse être la valeur de ces explications, elles n'ont pas changé le fond de notre conviction. Nous persistons à croire que le rôle d'un procureur général placé dans ces conditions est inadmissible et que la pièce ne peut être autorisée qu'à la charge de faire disparaître cette inconvenance.

Approuvé :

Le Ministre de l'Intérieur,

F. DE PERSIGNY.

DEUXIÈME RAPPORT

8 août 1854.

..... L'auteur nous paraît s'être exagéré la portée des modifications qu'il a opérées dans sa pièce.

..... Ces atténuations... ne font pas disparaître le principal inconvénient signalé par nous, à savoir : le rôle du procureur général et la plupart des circonstances dans lesquelles il est produit.

Salbry est encore placé dans une situation où

il manque à son devoir comme magistrat pour obéir à ses passions.

L'auteur a même aggravé, sans le vouloir, par une addition, l'action blâmable de ce personnage. Refusant de faire exécuter le mandat d'amener décerné contre Bréchetanne, parce qu'il lui a donné asile, Salbry s'exprime ainsi :

« *Oui, je manque à mon devoir, je le sais, mais je ne manque pas à l'honneur.* »

Cette distinction n'est pas admissible, surtout dans la bouche d'un magistrat.

Les théories sur le duel n'ont pas été supprimées. Il serait superflu d'insister sur l'inconvenance de mettre en scène un procureur général faisant l'apologie du duel.

Nous croyons donc devoir persister dans notre premier avis relativement au personnage de ce magistrat.

Toutefois, si, dans sa haute appréciation, M. le Ministre admettait ce personnage dans les conditions générales de la pièce, nous croirions que des modifications plus complètes seraient nécessaires. Elles devraient avoir pour principal but d'ôter à Salbry ce qui, particulièrement dans les premiers actes, fait un contraste trop saillant entre ses passions et ses devoirs. Il y aurait de plus des changements et des suppressions de détail à demander à l'auteur. Ils sont indiqués sur les manuscrits.

Nous attendons les ordres de Son Excellence.

Théâtre du Vaudeville

LA FOIRE DE LORIENT

Vaudeville en un acte.

4 mai 1854.

Le théâtre représente le champ de foire de la ville de Lorient.

Deux baraques rivales occupent le théâtre : l'une est celle de *Fier à-bras, grand hercule du*

Nord, qui a fait la *demi-ration* de la Russie ; l'autre, surmontée d'un croissant, est celle de *Saladin, premier équilibriste* de l'Europe...

N'est-il pas à craindre que *Fier-à-bras, l'hercule du Nord*, ne paraisse la personnification offensante d'un souverain que les instructions expresses de M. le Ministre, à l'occasion de Constantinople, nous ont prescrit d'écarter du théâtre.

Sur cette question de haute convenance politique, nous attendons les ordres de Son Excellence.

Théâtre du Vaudeville

L'ABBÉ COQUET

Vaudeville en un acte.

PREMIER RAPPORT

18 avril 1853.

... Cette pièce nous paraît inadmissible quant au fond et quant à la forme.

D'abord le personnage principal est un de ceux qui sont exclus aujourd'hui du théâtre ; il est à remarquer de plus que les auteurs l'ont présenté dans les conditions les plus choquantes. Les fredaines amoureuses d'un abbé libertin, ses leçons badines d'immoralité et de corruption ne trouvent, à notre avis, qu'une faible atténuation dans cette circonstance que l'action se passe sous Louis XV.

Nous signalons surtout une des situations capitales de l'ouvrage qui ne nous paraîtrait pas même admissible en supposant que le personnage principal ne fût pas un abbé, c'est la scène où M. de Sartines enferme lui-même sa femme dans sa chambre avec l'abbé de Ferrières.

Ces observations nous dispensent presque d'insister sur d'autres inconvénients qui ont aussi leur gravité et qui résultent de la mise en scène sous un aspect ridicule du chef de l'administration de la police.

Pour ces motifs, nous ne pouvons proposer l'autorisation de l'ouvrage dont il s'agit.

DEUXIÈME RAPPORT

LE CHEVALIER COQUET

29 juin 1853.

Cet ouvrage, intitulé d'abord l'*Abbé Coquet*, a été l'objet d'un rapport, en date du 18 avril dernier, tendant au rejet de la pièce, et dont les conclusions ont été approuvées par M. le Ministre.

L'auteur, informé des motifs qui avaient amené cette décision, a remanié l'ouvrage et fait disparaître les inconvénients qui nous avaient semblé le rendre inadmissible. Les modifications capitales portent sur le changement du personnage principal, qui n'est plus un abbé, mais un chevalier.....

Dans l'état actuel, nous pensons que la pièce peut être autorisée.

Théâtre des Variétés

UN REGARD DE MINISTRE

Vaudeville en un acte.

21 juillet 1854.

..... Nous proposons l'autorisation moyennant le changement de titre, qui ne nous paraît pas admissible.

Comédie-Française

LE GATEAU DES REINES

Comédie en cinq actes.

PREMIER RAPPORT

9 août 1854.

..... On doit savoir gré à l'auteur de n'avoir mis en scène ni le roi Louis XV, ni le cardinal de Fleury.

Le rôle de Stanislas ne peut faire naître aucune allusion relative à la Pologne. Il est plein de noblesse et de dignité. Le personnage de Marie Leczinska est irréprochable. Il n'en est pas de même du personnage de Mme de Prie, qui traverse la pièce d'un bout à l'autre. Outre ses intrigues, qui font le nœud de cette comédie, l'auteur lui a donné un vernis de galanterie qui nous paraît passer les bornes...

Le personnage du duc de Bourbon, premier ministre, nous paraît trop abaissé et a besoin d'être modifié.

Quant au troisième acte, qui se passe dans le couvent de Fontevrault, nous pensons qu'il peut être admis avec des modifications. Toutefois, cet acte, dans son ensemble, présentant une question de convenance, nous la soumettrons à la haute appréciation de M. le Ministre.

En résumé, nous pensons que la pièce pourra être autorisée, si, comme nous avons lieu de le croire, l'auteur opère des modifications suffisantes dans le sens des observations qui précèdent.

DEUXIÈME RAPPORT

22 août 1854.

La commission d'examen ayant pris connaissance des changements opérés par l'auteur dans la pièce *le Gâteau des Reines*, a reconnu que ces modifications ont eu pour effet d'atténuer la couleur de galanterie trop accusée du personnage de Mme de Prie et l'importance dominante de ce rôle, qui plaçait le duc de Bourbon dans une nullité ridicule.

Nous pensons que la pièce peut être mise en répétition, sous la réserve de quelques passages dont l'auteur a refusé de faire le sacrifice, et notamment des passages suivants :

ACTE II

1° Les femmes dévorant les mâles dans la maison d'Autriche.

2° Cette poupée (l'infante d'Espagne).

3° Toutes les couronnes sont les mêmes : couronne de

France ou couronne du Japon; couronne d'or ou couronne de laurier; *on ne les attend pas, on les prend.*

ACTE III

4° Dans l'acte du couvent, dont le fond a été admis par Son Excellence, nous pensons qu'il y a lieu de supprimer le mot *couvent*, quand il est trop souvent répété, le mot de *sœur* trop prodigué et toutes les épigrammes qui jettent du ridicule sur les religieuses.

La maison de Fontevrault doit être plutôt une maison d'asile pour les filles nobles qu'un couvent véritable.

5° Une jeune femme, qui en ce moment gouverne la France, *quoiqu'il y ait en France deux Bourbons, l'un assis sur le velours du trône, l'autre debout sur les marches du trône.*

6° Le mot de *courtisane* appliqué à Mme de Prie.

7° Et le dernier mot de l'ouvrage mis dans la bouche de Mme de Prie :

Enfin, j'ai fait une reine, je vais régner.

Ce mot, qui avait attiré l'attention de M. le Ministre, a le double inconvénient de résumer la pièce d'une manière inexacte et d'exagérer la portée du rôle de Mme de Prie, en présentant une pareille femme comme disposant de la couronne de France.

TROISIÈME RAPPORT

2 mai 1855.

L'auteur du *Gâteau des Reines*, après cinq conférences avec la commission, a enfin opéré toutes les suppressions et modifications de détail qui lui avaient été demandées, et auxquelles il s'était refusé jusqu'au dernier moment.

Les inconvénients inhérents au sujet ont été considérablement atténués par toutes ces modifications successives, qui devront encore être complétées par la mise en scène.

Dans cette position et la donnée de la pièce ayant été admise dès l'origine par Son Excel-

5

lence, nous n'avons plus qu'à proposer l'autorisation.

Théâtre des Variétés

LA HAUSSE DES LOYERS[1]

Vaudeville en un acte.

29 septembre 1854.

Flissonneau, locataire, se déchaîne contre les propriétaires et la hausse des loyers; mais amené lui-même à se croire propriétaire de la maison qu'il habite, il enchérit sur son prédécesseur en dureté et en odieuses exigences; ce qui semble prouver qu'il suffit de devenir propriétaire pour devenir « *un être immonde* ».

Cette donnée n'est qu'un prétexte à la plus violente diatribe contre tous ceux qui possèdent. Parents, amis, fiancés, serviteurs, les enfants

[1] Par M. Lubize.

même s'empressent à l'envi, dans cette pièce, de leur jeter l'outrage et le mépris.

« *Être propriétaire, c'est être le bourreau de ses concitoyens, le persécuteur du genre humain.* »

Nous ne pensons pas que cet ouvrage puisse être représenté sans danger; en conséquence, nous ne saurions en proposer l'autorisation.

L'auteur, dans une lettre à Son Excellence M. le Ministre d'État, invoque, comme précédents à l'appui de sa pièce, quelques passages sur les propriétaires autorisés dans des revues de fin d'année. Il y a une différence capitale entre des plaisanteries inoffensives noyées dans une *Revue*, en plusieurs actes ou tableaux, et un ouvrage d'une portée sérieuse, malgré des détails grotesques, qui roule tout entier sur le même sujet.

Nous ne pouvons que persister dans l'opinion que nous avons émise dans notre rapport concluant au refus d'autoriser la représentation de la pièce.

LETTRE DE L'AUTEUR

À Son Excellence M. Fould, ministre, secrétaire d'État.

« Monsieur le Ministre,

« ..... *La hausse des loyers*, c'est le titre de ma « pièce, n'est que la reproduction de tout ce qui « a été déjà dit dans les revues de 1852 et 1853. « Bien plus, ce petit vaudeville, loin d'être une « distribe contre les propriétaires, est une étude « de cœur humain, et je le prouve en exposant la « pièce en deux mots : Un locataire est augmenté « par son propriétaire; furieux, exaspéré, il « ameute contre lui... sa fille son perruquier et « sa bonne... Mais devenu à son tour proprié- « taire, il renchérit sur son prédécesseur et « devient arabe au point de s'augmenter lui- « même. »

« Il n'y a là, comme peut le voir Votre Excellence, rien de bien dangereux.

« Il ne nous est permis de ridiculiser ni les
« ministres de la religion, ni les fonctionnaires,
« ni les militaires, il serait vraiment bien cruel
« de nous retirer les bourgeois ; et lorsque les
« propriétaires abusent, on ne peut le nier, des
« circonstances, il me semble que c'est bien le
« moins que nous puissions attaquer *grotes-*
« *quement* leur rapacité.

« J'appelle l'attention de Votre Excellence
« sur cette question et je suis convaincu que,
« si elle voulait prendre personnellement con-
« naissance de mon vaudeville, elle n'y verrait
« aucun danger et qu'elle en autoriserait la
« représentation.

« J'ai l'honneur, etc.,

« *Signé :*

« LUBIZE,

« Auteur dramatique. »

Paris, le 7 décembre 1854.

Théâtre de la Porte-Saint-Martin

LA TOUR DE NESLE[1]

Drame en prose.

Cet ouvrage fut représenté pour la première fois à la Porte-Saint-Martin, le 29 mai 1832.

A cette époque il n'existait pas de censure dramatique; le succès fut immense, et plus de trois cents représentations consécutives eurent lieu à Paris.

Le mauvais côté de ce drame était de montrer une reine de France se livrant à toutes les débauches et à tous les crimes. Du premier acte au dernier, il n'est question que d'adultères, d'incestes, d'assassinats et de déclamations injurieuses contre les hautes classes de la société.

Les lois de septembre 1835 ayant rétabli la

[1] Par MM. Alexandre Dumas et Gaillardet.

censure, il fut question d'interdire la *Tour de Nesle.*

En 1836, M. Thiers, alors ministre, fit venir à son cabinet la commission d'examen, et entre autres instructions, il lui recommanda, surtout, de ne pas approuver des pièces telles que *la Tour de Nesle.*

Cependant, le ministre recula devant le succès de ce drame et devant sa popularité ; l'interdiction ne fut pas prononcée : on se contenta d'exiger quelques modifications, et, la pièce continua d'être représentée sur divers théâtres de Paris, et, à peu d'exceptions près, dans tous les départements.

Le 18 février 1853, une décision de M. de Persigny, ministre de l'intérieur, comprit *la Tour de Nesle* parmi les pièces interdites, et la représentation en fut défendue à Paris et en province.

Presque tous les directeurs ont réclamé contre une interdiction nuisible à leurs intérêts ; mais on ne peut méconnaître que les inconvénients de cette pièce se sont aggravés encore par le fait même de la mesure qui l'a supprimée du répertoire. Si on la permettait aujourd'hui, elle semblerait plus dangereuse depuis que son danger a été consacré officiellement par une décision ministérielle.

NOTE DE LA COMMISSION D'EXAMEN SUR LA DEMANDE D'UNE REPRISE DE LA *Tour de Nesle*

1er février 1855.

La Tour de Nesle est une des pièces qui ont motivé, en 1835, le rétablissement de la censure dramatique, non au point de vue d'une politique de circonstance, mais, au point de vue de la morale publique de tous les temps.

Quand tant de bons esprits sont frappés de l'abaissement des personnes royales dans la pièce de *la Czarine*, comment laisser reprendre un drame dont le principal personnage est une reine de France, Marguerite de Bourgogne, qui, après l'orgie de chaque soir, fait jeter le matin à la Seine le cadavre de l'amant auquel elle s'est livrée?

Cette pièce est un tissu de crimes et de monstruosités; elle a été mise à l'index par l'administration supérieure, et la commission d'examen ne peut trouver ni dans ses souvenirs, ni dans sa conscience un motif de lever cette trop juste interdiction.

La commission supplie instamment les personnes qui voudraient demander la reprise de ce drame, œuvre de talent incontestable, de vouloir bien le lire au point de vue de la morale publique, du respect des têtes couronnées et de l'impression que de tels tableaux doivent laisser dans l'esprit des masses.

La commission pense que l'autorisation actuelle de cet ouvrage capital amènerait infailliblement la reprise de toutes les pièces interdites et rouvrirait la porte à cette littérature sans frein qui a causé tant de scandales et tant de malheurs.

La représentation de cet ouvrage paraît à la commission contraire aux vues et aux intérêts du gouvernement.

Théâtre du Vaudeville

LE MARIAGE D'OLYMPE

Pièce en trois actes [1].

PREMIER RAPPORT

8 juin 1855.

Henri de Puygiron appartient à une ancienne famille de Bretagne qui a conservé toute l'austérité des mœurs d'autrefois. La naïveté de ses premières impressions l'a livré sans défense aux séductions d'Olympe Taverny, femme ga-

[1] Par M. Émile Augier.

lante, très connue dans le monde des viveurs parisiens. Trompé par ses antécédents, il l'a épousée sous son vrai nom de Louise Morin, qu'elle a repris pour lui, après s'être fait passer pour morte. Il ne croit faire qu'une mésalliance, il déshonore son titre en le donnant à une pareille femme.

Après ce mariage, Olympe s'est hâtée de quitter le monde, qui a retenti de ses scandales; elle voyage avec son mari. Arrivée aux eaux de Pilnitz, celui-ci rencontre son oncle et sa tante, le marquis et la marquise de Puygiron, qui ne savent rien de son mariage. Obligé de leur présenter sa femme, il leur avoue qu'il a épousé une jeune fille d'une naissance obscure. Le marquis et la marquise, quoique d'une sévérité antique, finissent par accepter leur nièce, qui se fait passer auprès d'eux pour la fille d'un Vendéen et qui les charme par toutes sortes de prévenances ajoutées à ce mensonge.

Cependant Henri commence à se désillusionner sur le compte de sa femme; il vient de revoir sa cousine Geneviève qu'il devait épouser, et, sans se l'avouer, il pense à cette union où il aurait trouvé le bonheur. De son côté Olympe regrette le monde de plaisirs et d'orgies qu'elle a quitté. Installée à Berlin chez le vieux marquis, elle se sent mal à l'aise au milieu de la famille honorable et sévère où elle est tenue de vivre. Selon l'expression de l'un des personnages de la pièce, elle se sent prise de *la nostalgie de la boue.* L'arrivée de sa mère et de Montrigaud, un de ses anciens amants, achève de la rendre à ses inclinations perverses. Dans un souper avec ces deux témoins de ses orgies, elle reprend toutes ses habitudes; elle redevient l'Olympe d'autrefois.

Depuis ce moment, les idées et les sentiments qui séparent les deux époux se dessinent de plus en plus; ils aboutissent à une catastrophe.

Lorsque le vieux marquis découvre la vérité, lorsqu'il voit Olympe sur le point de livrer le nom d'Henri au scandale, il fait le sacrifice de sa vie au bonheur de son neveu, à l'honneur de son nom : il tue l'aventurière et se fait ensuite sauter la cervelle.

Cette pièce met encore une fois en scène une de ces femmes perdues qui, depuis *la Dame aux Camélias*, ne fournissent que trop de sujets au théâtre. En regrettant un pareil entraînement, nous devons toutefois reconnaître que le sens des récents ouvrages où ces sujets sont traités aboutit à une condamnation sévère des mauvaises mœurs. Les *Filles de Marbre* et le *Demi-Monde* présentent les aventuriers et les femmes galantes sous des couleurs qui les flétrissent et les vouent au mépris.

Le *Mariage d'Olympe* est une sorte de conclusion de ces diverses pièces, en particulier à celle du *Demi-Monde*. Il montre quel malheur peut apporter dans une honnête famille une femme aux mœurs perdues, au cœur gâté. Cette nature de personnages étant acceptée, il y a là une leçon dont nous avons dû tenir compte.

Il nous a donc semblé que le fond de l'ouvrage pouvait être admis. Les détails vont beaucoup trop loin, et voici les points principaux sur lesquels portent nos réserves :

1° Le personnage de la mère, se retrouvant avec sa fille et prenant part au souper du deuxième acte, nous paraît impossible. Une mère partageant et exaltant les mauvaises passions de sa fille, ne doit pas figurer à ce titre dans une pareille scène.

2° Le dénouement ne saurait être admis sous le double point de vue moral et religieux. Un vieillard, représentant l'idéal de l'honneur et de la vertu, ne peut pas être montré se suicidant après s'être fait justice par un meurtre, pendant que sa femme, qui l'a poussé à cette action coupable, comme à un devoir, assiste à genoux et en priant Dieu à la catastrophe.

A ces conditions et sous la réserve expresse

d'autres détails, nous pensons que la pièce pourra être autorisée.

DEUXIÈME RAPPORT

5 juillet 1855.

L'auteur du *Mariage d'Olympe*, auquel nous avons communiqué nos réserves exprimées dans le rapport ci-joint et approuvé par M. le Ministre, a fait droit à celles qui concernent le dénouement et les détails du dialogue indiqués sur les manuscrits.

Le meurtre qui termine la pièce n'est plus un acte prémédité par le vieux marquis, mais le résultat d'un entraînement provoqué par la conduite d'Olympe. La marquise ne prend aucune part à ce meurtre qui n'est plus suivi du suicide du marquis [1].

[1] M. Émile Augier modifia son dénouement de cette façon : Primitivement, le marquis, tandis que sa femme priait pour lui, répondait : *Dieu me jugera !* — Plus tard, l'auteur substitua un mot à un autre et, montrant le marquis posant son pistolet après le meurtre d'Olympe, il lui fait dire : *On me jugera !*

Les détails les plus choquants du dialogue ont été supprimés ou modifiés.

Reste la scène entre Olympe et sa mère.

L'auteur nous a déclaré que le rôle de celle-ci est indispensable au sens et à l'économie de son œuvre. Il dit que pour rendre l'aventurière impossible au milieu d'une famille honorable, il a dû la montrer à côté de sa mère, une de ces femmes qui encouragent les vices de leur fille et qui ont perdu toute pudeur;

Que cette opposition lui est nécessaire pour rendre vraisemblable la catastrophe qui termine sa pièce;

Qu'une fausse mère ou une fausse tante ne fournirait pas dans cette situation des couleurs assez tranchées pour une pareille opposition;

Qu'enfin, le sens moral qu'il a voulu donner à son drame en montrant une femme comme Olympe, serait trop affaibli s'il ne la mettait en scène avec sa corruption, son entourage et sa famille.

Ces raisons ne nous ont pas convaincus. Nous trouvons que le côté moral invoqué par l'auteur ne saurait racheter le spectacle de cette cynique dégradation. Il ne nous paraît pas possible de risquer aux yeux du spectateur une scène qui découvre un coin si hideux et si déplorable des mauvaises mœurs. Ce serait compromettre la dignité du rôle maternel et laisser porter atteinte au respect qui lui est dû aux yeux de tous. Si la morale et les convenances publiques réprouvent un pareil spectacle, les raisons d'art suffisent-elles pour l'autoriser?

En conséquence, nous maintenons notre objection relativement à la scène qui termine le deuxième acte. Sous cette réserve, nous proposons, comme nous l'avons déjà fait, l'autorisation du *Mariage d'Olympe.*

Théâtre de la Porte-Saint-Martin

PARIS

Drame historique, en vingt-cinq tableaux.

19 juillet 1855.

Cette pièce met en scène les principaux événements de l'histoire de Paris, c'est-à-dire de la France. Dans cette longue revue, l'auteur fait passer sous les yeux des spectateurs les temps druidiques, la décadence des Romains, le départ pour la croisade, l'entrée de Charles VII, les splendeurs de Louis XIV à Versailles, le triomphe de Voltaire, les enrôlements volontaires en 1792, Mme Roland et Charlotte Corday à la Conciergerie, enfin le retour du général Bonaparte après la campagne d'Italie; l'apothéose représente la façade du Palais de l'Industrie.

La donnée générale de cette pièce porte l'empreinte des idées bien connues de cette école qui s'intitule humanitaire et qui applique à l'histoire les idées panthéistes.

Enveloppée dans de nombreux détails, cette philosophie sera heureusement perdue en grande partie pour les spectateurs.

. . . .

Après un examen très approfondi, il nous a paru, en effet, que des préoccupations politiques se manifestaient dans certaines parties de cette œuvre d'une façon inadmissible.

Trois tableaux nous ont particulièrement frappés à ce point de vue :

1° Le triomphe de Voltaire ;

2° Les enrôlements volontaires ;

3° La Conciergerie.

Ces tableaux signalés prenaient à la scène un caractère encore plus tranché. La commission et l'inspection se sont trouvées d'accord à cet égard.

En conséquence, nous avons demandé :

1° Que les tableaux de Voltaire et de la Conciergerie fussent supprimés.

2° Que celui des enrôlements volontaires fût purgé des détails révolutionnaires et présenté sous un aspect militaire, comme un mouvement national contre l'étranger.

3° Que la pièce se terminât avant la Révolution, ou qu'un tableau final fût consacré à Napoléon Ier.

Le directeur est entré pleinement dans nos vues, mais il s'est trouvé en présence des résistances de l'auteur. Il a passé outre ; il a supprimé ou modifié les tableaux sus-mentionnés ; il a fait faire un tableau final représentant Napoléon Ier distribuant les aigles au Champ-de-Mars.

Cet ouvrage s'est ainsi trouvé profondément modifié selon nos conventions. Dans son état actuel, il est surtout une pièce à grand spectacle présentant, avec toutes les magnificences de la mise en scène, la série des principaux événements de notre histoire.

En présence du grand mouvement que l'Exposition universelle produit à Paris, nous avons attaché beaucoup d'importance à une pièce qui est comme le résumé de notre histoire et qui, sur le premier théâtre du boulevard, doit présenter aux étrangers toutes les merveilles d'une mise en scène splendide. Nous devons rendre cette justice au directeur qu'il nous a secondés de tout son pouvoir dans ce travail ingrat et difficile qui consistait à donner à un ouvrage de cette importance un sens plus large, plus général et un caractère plus français.

En conséquence, nous proposons l'autorisation.

Théâtre du Cirque Impérial

—

LE ROI LEAR [1]

Drame en cinq actes et dix tableaux.

7 juillet 1857.

Cet ouvrage est, sinon une traduction, du moins une imitation de la pièce de Shakespeare.

Nous pensons que les situations outrées, les sentiments hors et contre nature, en un mot les hardiesses qu'il renferme ne peuvent se produire que sur une scène essentiellement littéraire, devant un public d'élite, comme une étude abritée par le grand nom de l'auteur anglais. Sur une autre scène, devant le public du boulevard, ce serait un spectacle dont la portée philosophique ne serait pas com-

[1] Imité de Shakespeare, par MM. Ed. Devique et Crisafulli. Le rôle du roi Léar y était étrangement et parfois admirablement joué par Rouvière.

prise et dans lequel nous craindrions qu'on ne vît que la *dégradation de la royauté*, sous les traits de ce vieux roi en butte aux plus odieux outrages de la part de ses enfants et en proie à la plus misérable démence.

Nous ne pouvons donc proposer l'autorisation pour un théâtre populaire comme le Cirque Impérial, qui a pour mission de représenter des ouvrages d'un autre genre et d'un autre ordre.

Le ministre n'a pas approuvé les conclusions du rapport sur le Roi Lear. *En conséquence, la représentation en est autorisée, sauf les observations de détail que MM. les membres de la commission d'examen pourraient avoir à faire sur ce drame.*

Théâtre de la Porte-Saint-Martin

NOTRE-DAME DE PARIS

Drame en cinq actes et quinze tableaux.

PREMIER RAPPORT

27 août 1857.

Cet ouvrage représenté, pour la première fois, au mois de mars 1850, n'a jamais été soumis à l'examen de l'administration.

Indépendamment du nom de l'auteur du livre généralement connu dont le drame est la reproduction, la pièce de *Notre-Dame de Paris* ne nous paraît pas de nature à être autorisée. Des tableaux odieux, des scènes contraires à l'ordre et à la morale, des attaques contre la religion y abondent. C'est en vain que l'auteur du drame a effectué quelques modifications au moyen desquelles il prétend présenter Claude

[1] Tiré du roman de Victor Hugo, par M. Paul Foucher.

Frollo comme un imagier de Notre-Dame. D'après le langage qu'il tient et dans le milieu où il est placé, en un mot d'après tous les éléments qui composent l'ensemble de ce rôle, le public, ne fût-il pas prévenu, verrait toujours dans ce personnage le prêtre prévaricateur, impudique et assassin.

Pour ces motifs, nous ne pouvons proposer l'autorisation.

DEUXIÈME RAPPORT

17 mars 1868.

... Le motif qui dicta la décision prise jadis, subsiste dans toute sa vigueur.

... La pièce a été interdite à cause du rôle de Claude Frollo, et si un théâtre, comme quelques journaux l'annoncent, demandait à ce que la pièce fut relevée de l'interdit, nous penserions encore que ce rôle la rend radicalement impossible.

... Est-il possible de mettre sur la scène un

prêtre, dans ces situations violentes, lubriques, criminelles?

Est-il possible de traîner le costume religieux sur le théâtre pour en revêtir un *parfait gredin*, comme le qualifie un des personnages du drame et de livrer cette fantaisie de l'imagination du poète à toutes les justes exécrations du parterre?

Nous ne l'avons jamais pensé. Nous le pensons moins que jamais.

Ce rôle de Claude Frollo nous reporte aux plus mauvais jours du théâtre qui ont suivi la Révolution de Juillet, alors que sur les scènes de Paris, affranchies de tout examen préalable, un même esprit faisait apparaître presque simultanément des pièces telles que *le Curé Mingrat*, *la Cure et l'Archevêché*, *le Curé Mérinot* et plusieurs imitations du *Moine de Lévis*.

A notre avis, le prêtre ne doit être mis en scène dans les théâtres populaires qu'avec une grande réserve, qu'avec de grands ménagements et quand son rôle est appelé à produire une impression heureuse, élevée et moralisatrice sur l'esprit du public. Mais le montrer, alors surtout que c'est pure création d'auteur, sans aucun prétexte historique, le montrer vicieux, fornicateur, assassin, en faire enfin le traître du drame, sur lequel s'accumulent toutes les haines et toutes les colères du public, c'est compromettre sérieusement le respect dû au costume ecclésiastique, c'est porter une grave atteinte à l'esprit religieux.

En conséquence, nous persévérons à regarder la pièce comme inadmissible, et nous sommes d'avis qu'il n'y aurait pas lieu de la faire sortir de la liste des pièces interdites, voulût-on même y apporter des changements. La popularité du roman est telle qu'aucune retouche importante ne saurait être faite sans amener à coup sûr, chez une partie hostile et prévenue des spectateurs, des réclamations assez énergiques pour troubler, sinon empêcher absolument la représentation.

TROISIÈME RAPPORT

27 juillet 1868.

Le théâtre du Châtelet nous soumet la pièce : *Notre-Dame de Paris*, sur laquelle deux fois cette année nous avons été consultés officieusement.

L'auteur s'appuie, pour demander l'autorisation de la pièce, sur un changement radical qu'il aurait fait. Claude Frollo, désigné en deux ou trois endroits comme imagier, ne serait plus un prêtre.

..... D'abord, la modification annoncée est si peu complètement exécutée, le personnage de l'ancien archidiacre est si imparfaitement sécularisé que, dans toutes les situations principales de l'œuvre, il agit comme prêtre. Par son langage, par ses manières d'être, par son costume noir, il reste parfaitement le prêtre si connu, le Claude Frollo du roman.

Mais le changement fût-il complet, par un remaniement sérieux et réel de l'œuvre, l'auteur eût-il essayé d'enlever à son héros tout caractère ecclésiastique, que, comme nous le disions dans les deux notes ci-jointes, nous persisterions avec la plus entière conviction dans cette opinion : que le rôle est et restera profondément regrettable à la scène.

..... En présence de la *Notre-Dame de Paris*, en présence d'un des rôles les plus caractérisés, les plus connus du roman, et il faut le dire, un des plus au goût de certains esprits, on ne peut un instant se faire l'illusion que le public, la presse, les ennemis du gouvernement, qui se font du nom de M. Victor Hugo un drapeau, acceptent une transformation pareille sans saisir cette occasion de se livrer à des protestations tumultueuses. On se trouvera alors en face d'un double inconvénient : les amis de l'auteur crie-

6.

ront par tous les organes de la publicité que l'on mutile une œuvre comme la *Notre-Dame de Paris*, et, en même temps, ces protestations, ces plaintes, probablement même ces clameurs dans la salle à l'apparition du nouveau Claude Frollo, rendront au personnage l'individualité ecclésiastique que l'on aura voulu lui enlever et feront revivre le prêtre qui est dans tous les souvenirs. Alors l'administration aura assumé sur elle toute la responsabilité d'un changement aussi important, sans que l'ordre public en recueille aucun bénéfice.

..... En conséquence, nous ne pouvons que persister dans la conclusion de nos deux notes précédentes.

QUATRIÈME RAPPORT

27 décembre 1868.

L'auteur de la pièce *Notre-Dame de Paris* envoie de nouveau deux brochures de l'ouvrage avec des modifications.

Dans l'une, Claude Frollo est appelé l'inugies de Notre-Dame, comme dans la version qui nous avait été soumise le 25 juillet dernier.

Dans l'autre, aux mots d'archidiacre ont été substitués ceux de : l'homme, et de : Frollo.

Aucun de ces changements ne nous paraît détruire les motifs qui ont dicté les conclusions de nos notes en date des 17 mars et 27 juillet 1868. Par le costume, par les faits auxquels il se trouve forcément mêlé, par le lien de la scène, par la notoriété du roman, Claude Frollo est et restera, quoi qu'on fasse et de quelque déguisement qu'on l'affuble, un prêtre scélérat qui, en scène, assassine et tente les violences les plus brutales pour assouvir sa passion.

En conséquence, nous ne pouvons que persister dans cette opinion que l'ouvrage présenterait les plus graves inconvénients.

CINQUIÈME RAPPORT

21 janvier 1869.

M. Paul Foucher adresse un nouvel appel à Son Excellence pour le drame de *Notre-Dame de Paris* et renouvelle l'offre qu'il a déjà faite d'enlever à Claude Frollo, archidiacre de Notre-Dame, tout caractère ecclésiastique.

Quelles que soient nos habitudes de conciliation, quelque désir que nous ayons de ne point donner une nouvelle occasion de se plaindre à un auteur, nous ne pouvons que persister dans la conviction, émise déjà dans les quatre notes ci-jointes, que ce drame, même avec le changement, serait inadmissible.

...... Il n'appartient pas à M. Paul Foucher de faire dans la *Notre-Dame de Paris* tels changements qu'il lui plaira. Son rôle d'appropriateur du roman à la scène ne va pas jusqu'à lui laisser le droit de croire que le public se laissera facilement imposer des modifications aussi complètes que celles du personnage principal et de scènes assez importantes pour qu'elles soient dans le souvenir de tous.

...... L'auteur du roman voulût-il admettre, ce que nous ignorons absolument, la mutilation de sa pensée, le travestissement de sa création, que, de l'arrangement proposé, ne pourrait sortir un bon résultat. Le public ne saurait se payer de ce changement.

..... Le changement soulèverait contre l'administration des tempêtes de récriminations, de doléances, de railleries, plus ou moins sincères, peut-être, mais à coup sûr des plus violentes, et qui par leur violence même achèveraient de reconstituer dans toute son odieuse personnalité le type ecclésiastique, la physionomie cléricale, qu'une modification illusoire aurait vainement cherché à écarter.

Quant aux *susceptibilités excessives* dont se plaint dans sa note M. Paul Foucher, entendant caractériser par ces mots notre opinion sur le drame soumis à l'examen, nous persistons à croire que ce n'est pas une excessive susceptibilité que celle qui veut écarter du théâtre ce qu'on n'y a vu qu'aux jours d'une licence effrénée, un prêtre qui, en scène, assassine son rival heureux, fait condamner à mort la femme qui le repousse, profite de l'habit ecclésiastique pour lui offrir au dernier moment la vie en échange de son amour, et qui, enfin, quand la femme a été sauvée par Quasimodo, veut la violer sur le théâtre même, la terrasse, et n'est arrêté dans ses ardeurs lubriques que par l'arrivée d'un être plus fort que lui.

Par tous les motifs exposés plus haut, nous pensons que, l'auteur du roman acceptât-il le changement proposé par son collaborateur, changement inexécuté du reste, peut-être parce qu'il est inexécutable, le rôle de Claude Frollo sera toujours inadmissible au théâtre.

Théâtre du Vaudeville

LES PARISIENS DE LA DÉCADENCE [1]

Pièce en trois actes.

21 décembre 1855.

.....Nous proposons l'autorisation de la pièce, en soumettant le titre à la haute appréciation de Monsieur le Ministre.

Monsieur le Ministre approuve la pièce en regrettant de ne pouvoir autoriser le titre.

CAMILLE DOUCET.

Théâtre impérial de l'Odéon

LA FLORENTINE

Drame en cinq actes.

21 novembre 1855.

La scène se passe en 1617. Trois partis se

[1] Par M. Théodore Barrière. — Joué sous ce titre : *les Parisiens.*

[2] Par M. Charles Edmond.

disputent le pouvoir : le parti des princes, le parti de Concini, maréchal d'Ancre, le parti du Roi.

. . . .

Nous rappelons au sujet de cet ouvrage les observations que nous avons déjà eu plusieurs fois l'occasion de faire sur les inconvénients de présenter successivement sur la scène les plus grands noms de notre histoire, comme souillés des actes les plus odieux.

La commission repousse également le second titre proposé : *le Chemin du pouvoir*.

D'après les épisodes de l'ouvrage, ce titre ne peut se traduire que par ces mots : *le chemin du pouvoir, c'est le crime.*

En résumé, nous pensons que la pièce : *la Florentine* peut être autorisée sous la réserve de nos observations relatives au duc de Luynes et sur lesquelles nous croyons devoir appeler l'attention de Son Excellence.

Théâtre des Variétés

JANOT, CHARGÉ D'AFFAIRES

Vaudeville en un acte.

29 janvier 1856.

... Bien que cette pièce de carnaval échappe à toute réalité par sa donnée et par le grotesque de ses personnages et de ses détails, elle nous a paru toutefois, dans les circonstances actuelles, pouvoir présenter quelques inconvénients. En effet, est-il convenable, dans le cas où des conférences diplomatiques s'ouvriraient prochainement à Paris, de mêler la France à une action aussi burlesque, et surtout d'accoler, même par suite d'un quiproquo, *la qualité d'ambassadeur et de chargé d'affaires au personnage de Janot, type consacré à la niaiserie et à la sottise?* La pièce, sous ce rapport, a dû être modifiée...

. . . .

Dans son état actuel, nous proposons l'autorisation de cette pièce qui n'est qu'une parade, et sous le titre de : *Janot chez les sauvages*.

Théâtre du Luxembourg

LE HUIT

OU GARDE A VOUS, PORTIER !

Vaudeville en un acte.

6 Janvier 1857.

Cette pièce, basée sur un déménagement furtif, nous semble par le fond et les détails tomber sous l'interdiction prononcée par Son Excellence, le 20 octobre, contre les ouvrages *faisant allusion à la question des loyers ou contenant des attaques contre les propriétaires*.

En conséquence, nous n'en saurions proposer l'autorisation.

M. le directeur du théâtre du Luxembourg, ne partageant pas notre opinion à cet égard, en appelle à la haute appréciation de Monsieur le Ministre.

NOTE DU CHEF DE LA DIRECTION DES THÉATRES.

La représentation est ajournée à un an; sous toutes réserves pour ce qui serait jugé convenable à cette époque.

Pour le Ministre :

CAMILLE DOUCET.

Comédie-Française

CHATTERTON [1]

Drame en trois actes.

3 décembre 1857.

Nous proposons l'autorisation, en signalant toutefois plus particulièrement les passages

[1] Par M. Alfred de Vigny.

soulignés ci-après et dont nous proposons la suppression.

1° ACTE PREMIER. — SCÈNE II (*à la fin*)

LE QUAKER

...... La société deviendra comme ton cœur; *elle aura pour Dieu un lingot d'or et pour empereur un usurier juif.*

L'auteur propose de remplacer le mot *Empereur* par le mot *Souverain*, en laissant subsister le reste. Cette modification ne répond pas à l'objet de notre demande: elle est insuffisante. *Des instructions récentes nous prescrivent de ne laisser attaquer aucune individualité religieuse.*

2° ACTE PREMIER. — SCÈNE V

LE QUAKER

...... Tu serais digne de nos assemblées religieuses, *où l'on ne voit pas l'agitation des papistes, adorateurs d'images, où l'on n'entend pas les chants puérils des protestants.*

3° ACTE III. — SCÈNE II

CHATTERTON

Connaissez-vous beaucoup de lâches qui se soient tués?

LE QUAKER

Quand ce ne serait que Néron.

CHATTERTON

Aussi sa lâcheté, je n'y crois pas. Les nations n'aiment pas les lâches, *et c'est le seul nom d'empereur populaire en Italie.*

4° MÊME SCÈNE

CHATTERTON

Les hommes d'imagination sont éternellement crucifiés; le sarcasme et la misère sont les clous de leurs croix.

Théâtre du Gymnase-Dramatique

LE FILS NATUREL [1]

Comédie en cinq actes.

14 janvier 1858.

Nous ne dissimulons pas que cet ouvrage remarquable à tant de titres, touche à des questions sociales d'une certaine gravité. Mais comme il est conçu et écrit dans un excellent esprit, comme les bons sentiments, et surtout celui de la famille y dominent; comme enfin on n'y trouve rien qui ne soit honnête, rien qui offense la morale, nous proposons l'autorisation, moyennant les modifications opérées sur les manuscrits.

[1] Par M. Alexandre Dumas fils.

Odéon

—

LA JEUNESSE[1]

Comédie en cinq actes, en vers.

27 janvier 1858.

Le mérite et la nature de la pièce, la scène littéraire à laquelle elle est destinée ne nous paraissent pas offrir des motifs suffisants pour qu'on admette certaines idées, certains détails, dont nous pensons que les uns doivent être supprimés, les autres au moins modifiés.

Nous citerons particulièrement la scène cinquième du deuxième acte, dans laquelle Philippe se déclare légitimiste.

Ce passage nous paraît inadmissible, d'abord parce qu'il a l'inconvénient de réveiller des discussions de parti au moment où le gouvernement fait à tous un *appel conciliant*.

[1] Par M. Emile Augier.

En second lieu, parce que faisant allusion à un jeu de Bourse, le discours, mis dans la bouche du personnage, suppose que le parti légitimiste, aujourd'hui *en baisse*, peut un jour *remonter au pouvoir*.

Nous ne pensons pas qu'il soit possible d'admettre au théâtre une hypothèse qui implique la ruine de nos institutions.

En résumé, tout en proposant l'autorisation de *la Jeunesse*, nous avons l'honneur de signaler à Son Excellence les passages en question qui sont indiqués dans le manuscrit.

Théâtre des Délassements-Comiques

FARCEURS ET FARCEUSES

Vaudeville en deux actes et trois tableaux.

PREMIER RAPPORT

3 février 1858.

Nous ne pouvons admettre qu'on prenne pour

donnée d'une pièce l'oubli scandaleux que font de leurs devoirs des gardes nationaux qui abandonnent leur poste et leurs armes pour aller faire les *farceurs* avec des *farceuses* (titre de la pièce). Quoiqu'il ne s'agisse que de quelques individualités, l'uniforme de la garde nationale n'est pas moins compromis par les situations ridicules où se placent et se trouvent ceux qui le portent pendant toute la durée de la pièce.

En conséquence, nous ne pouvons proposer l'autorisation.

DEUXIÈME RAPPORT

25 février 1858.

Des changements essentiels ont été effectués par l'auteur.

Le titre *Nopces et Festins* a été substitué à celui de *Farceurs et Farceuses*, dont nous n'aurions pu proposer l'autorisation.

La scène se passe maintenant à Bordeaux,

en 1825 l'uniforme de la garde nationale a disparu ; il s'agit d'une garde de fantaisie, et les allusions sont assez éloignées pour qu'elles ne nous paraissent pas blessantes. Nous proposons l'autorisation sauf les modifications opérées sur les manuscrits.

Théâtre du Vaudeville

LES LIONNES PAUVRES [1]

Comédie en cinq actes.

PREMIER RAPPORT

31 [illegible] 1858.

... Cette pièce nous paraît présenter plusieurs graves questions. L'auteur aborde une donnée

[1] Par MM. Émile Augier et Édouard Foussier. Les auteurs, dans leur préface, racontent leurs tribulations avec la censure. Leur comédie est dédiée au prince Napoléon, dont l'influence

inexploitée jusqu'ici au théâtre. On a mis à la scène les courtisanes de haut et bas étage, le demi-monde, enfin la plupart des classes interlopes, dont le vice plus ou moins odieux, plus ou moins fardé, défraie l'existence. La *femme mariée entretenue*, à l'insu de son mari, est une innovation qui nous semble de nature à attirer l'attention particulière de l'administration. Lorsqu'on a autorisé *la Dame aux camélias*, la première des pièces

put seule faire représenter la pièce. La censure voulait que dans *les Lionnes pauvres*, M. Emile Augier défigurât Séraphine Pommeau « pour la punir de sa perversité. »

— Oui, disait-on à l'auteur, cette femme est trop vicieuse, il aut lui donner une leçon. Supposez qu'entre le quatrième et le cinquième acte, elle soit atteinte de la petite vérole. Quel châtiment pour une coquette

— Allons donc, répond M. Augier, c'est impossible, Séraphine a été vaccinée !

C'est encore dans *les Lionnes pauvres* que la censure sabre d'un coup de crayon rouge le mot : « *Anglais* », employé dans le sens de créancier : « *J'ai des Anglais à mes trousses !* » La censure déclare gravement que ce terme ainsi employé « était une atteinte à l'alliance entre les deux peuples. » La censure a de ces traits qui paraissent incroyables. En marge d'un vaudeville dans lequel Ravel, au restaurant, demandait pour salade de la *barbe de capucin* : — « *Inconvenant*, écrivait un censeur il faut choisir une autre salade. »

du genre qu'elle a inauguré, il est à croire qu'on ne prévoyait pas de combien d'imitations regrettables elle serait suivie.

En donnant l'accès de la scène à la femme entretenue mariée, n'y aurait-il plus à craindre d'établir un précédent, dont les suites seraient funestes ?

En lisant *les Lionnes pauvres* on se demande quel est le but utile que s'est proposé l'auteur, quelle est la moralité de la pièce. On cherche en vain quel enseignement peut ressortir de cette pièce, dont les moyens de développement, attaqués de front, sont d'une crudité insolite et d'une nature généralement choquante.

Dans ce double adultère, la femme mariée, qui accepte l'argent et les libéralités d'un homme, marié lui-même à une femme bonne et honnête, n'a pas l'excuse de la pauvreté, ni de l'entraînement de l'amour. On la voit froidement s'occuper des détails de sa toilette pour aller au spectacle, au moment même où son mari, désespéré, cherche généreusement à l'excuser à ses propres yeux. Cette femme, inaccessible au repentir, n'est pas même punie de ces honteuses fautes, qui retombent précisément sur son brave et honnête mari et sur la digne femme, son amie, dont elle a troublé le ménage et causé la ruine.

Nous pensons qu'il y aurait inconvénient pour la dignité du mariage et la tranquillité du foyer domestique à mettre ainsi à nu devant le public une plaie qui, si elle existe exceptionnellement dans le monde, avait du moins été jusqu'ici écartée du théâtre.

En conséquence, nous ne croyons pas devoir proposer l'autorisation et nous avons l'honneur de signaler cette question toute nouvelle à la haute appréciation de Son Excellence.

DEUXIÈME RAPPORT

17 avril 1858.

L'auteur a apporté quelques modifications à

sa version première. Les unes ont pour résultat de faire disparaître certaines crudités de forme, les autres ont eu pour objet de faire entrevoir la possibilité d'un châtiment pour le vice personnifié dans le rôle de la femme mariée entretenue. Toutefois, ce châtiment n'a rien de certain pour le public qui ne pourrait croire à une expiation que si elle commençait sous ses yeux, ou si au moins elle résultait comme corrollaire infaillible de la pièce. Il n'en est pas ainsi, tant s'en faut; ici le châtiment n'est pas vraisemblable; loin d'être une leçon pour personne, c'est peut-être un mauvais exemple pour plusieurs. Lorsque Pommeau se sépare de Joséphine, cette femme perdue, une fois libre, au lieu d'être punie, se trouvera au comble de ses vœux, réunissant en sa possession un mobilier de 80,000 francs que lui a payé Léon, plus la somme de 80,000 francs restituée par le mari.

Dans un passage ajouté au rôle de Bordognon, l'auteur cherche à poser cette thèse, que le théâtre, au lieu d'encourager le vice en lui gardant le secret, doit, au contraire, le démasquer au grand jour, pour le flétrir et dévoiler courageusement certaines plaies sociales en y portant le fer rouge pour prévenir la gangrène. C'est là une doctrine que nous repoussons. Nous pensons, au contraire, comme nous l'avons dit dans notre premier rapport, qu'il existe certaines plaies sociales dont l'exhibition à la scène ne peut qu'être dangereuse ; et nous ne croyons pas que, les inconvénients d'un spectacle aussi choquant puissent être compensés par les avantages, au moins très problématiques, d'un enseignement douteux.

En résumé, les modifications, peu nombreuses du reste, par suite desquelles nous avons procédé à un nouvel examen des *Lionnes pauvres*, n'atténuent en réalité aucun des inconvénients que nous avons signalés dans ce tableau de l'adultère salarié.

Nous craignons que cette pièce et celles du

même genre auxquelles elle ouvrirait la porte, n'aient pour effet, d'un côté, d'excuser les filles entretenues par la peinture d'une perversité plus grande, et, en second lieu, de prêter de nouvelles armes aux détracteurs de l'ordre social.

Par ces motifs, forcés de persister dans les conclusions de notre précédent rapport, nous avons le regret de ne pouvoir proposer l'autorisation.

Théâtre de la Porte-Saint-Martin

FAUST[1]

Drame fantastique en cinq actes et seize tableaux.

Mars 1858.

.....Nous reconnaissons tout d'abord que cette pièce est honnête et morale ; cependant nous

[1] Imité par M. D'Ennery.

sommes empêchés de proposer l'autorisation pure et simple par trois difficultés importantes sur lesquelles nous avons l'honneur d'appeler l'attention de Son Excellence.

1° PROLOGUE. — SCÈNE II

Dans cette scène, les miracles de Jésus-Christ sont mis en contact, en parallèle, avec les jongleries des sorciers et la magie du diable. En outre, le saint livre de l'Évangile est employé comme moyen scénique ..

2° 2me TABLEAU. — SCÈNE PREMIÈRE

Les bourgeois allemands qu'on met en scène sont évidemment les bourgeois de Paris, et le nouveau bourgmestre dont ils parlent est non moins évidemment un *auguste personnage*. Cette double allusion est frappante et n'est d'ailleurs pas contestée par la bonne foi de l'auteur.

Or, convient-il de laisser dire au théâtre, même dans une excellente intention, qu'il existe en France une classe de citoyens qui fait une opposition *stupide et systématique* au gouvernement ?

C'est une question délicate qu'il ne nous appartient pas de résoudre.

3° 8me TABLEAU. — SCÈNE IV

Ici l'allusion n'est pas moins frappante et n'est pas plus contestée que les précédentes.

Les sujets qu'un prince, dégoûté de ses États, a donnés au diable et qui sont devenus les sujets de Méphistophélès, sont bien les Français, les 36 millions de Français

On propose, à la vérité, de supprimer ce chiffre trop significatif, ainsi que l'origine de la souveraineté de Méphistophélès, mais il ne sera pas possible de s'y tromper : il s'agira toujours des Français qu'on représente en masse comme assez ineptes ou assez ingrats pour ne pas apprécier ou pour nier ce qu'il y a de beau, de grandiose et d'utile dans ces travaux d'assainissement et d'embellissement, qui font la gloire de notre pays et l'admiration du monde entier.

Nous nous refusons à croire, nous ne croyons pas à cette ineptie, à cette ingratitude nationale, et nous ne pensons pas qu'on doive supposer qu'elles existent et les produire au théâtre, fût-ce même pour les frapper de ridicule et de blâme.

Telles sont les difficultés sur lesquelles nous n'avons pu nous entendre avec l'auteur, qui a été autorisé à conférer avec nous; la première touche à la religion, les deux autres à la politique, et nous les soumettons à la haute appréciation de Son Excellence.

Le chef du bureau des théâtres est d'avis que, nonobstant les observations qui précèdent, il y a lieu d'autoriser les représentations de ce drame fantastique, en l'état.

Théâtre-Français

LES DOIGTS DE FÉE

OU LA COUSINE PAUVRE[1]

Comédie en cinq actes, en prose.

24 mars 1858.

.....Lorsque cet ouvrage a été soumis à notre examen, la marquise de Menneville était la sœur d'un ministre. Nous avons craint que, la scène se passant de nos jours, l'influence d'une simple couturière dans une sphère aussi élevée ne fût interprétée d'une manière fâcheuse par la malveillance. Mais les auteurs ont compris nos scrupules, et la marquise est maintenant la sœur du directeur général d'un chemin de fer.

Le principal inconvénient a donc disparu et nous proposons l'autorisation, sauf les modifications opérées sur les manuscrits.

[1] Par Scribe et M. Ernest Legouvé.

Hippodrome

—

LA GUERRE DES INDES

Révolte des Cipayes. — Fête pour le rétablissement de l'empire des Indes.

Prise de Delhi

PREMIER RAPPORT

29 avril 1858.

.....Le dernier tableau montre la prise de Delhi par les troupes anglaises et la fuite du vieux roi avec ses femmes et ses enfants. Outre l'inconvénient que peuvent présenter ces tableaux de massacres, qui seront nécessairement exagérés par la mise en scène, cette pantomime n'offre-t-elle pas le danger plus grave de provoquer des manifestations hostiles à l'Angleterre.

L'opinion générale, peu favorable dès l'origine à la cause anglaise dans l'Inde, se trouve en ce moment surexcitée par des circonstances récentes, et nous ne pouvons prévoir comment se traduira l'impression peu sympathique du public à la vue de l'uniforme et du drapeau anglais victorieux.

DEUXIÈME RAPPORT

1er mai 1858.

.....Après la guerre de Crimée, cet ouvrage, je pense, n'eût pas fait question. Aujourd'hui, la vue de l'uniforme rouge et de l'étendard britannique ne me paraît pas devoir être sympathique...

Pièce interdite par le ministre.

CAMILLE DOUCET.

LES FRANCS-MAÇONS

Comédie en trois actes et en prose, précédée de l'*Initiation antique*, prologue en quatre tableaux [1].

3 août 1858.

.....L'ouvrage est soumis à l'approbation ministérielle par M. le Préfet du département de la Loire-Inférieure, qui fait pressentir les inconvénients que pourrait avoir sa représentation dans une province où les sentiments religieux de la population sont assez prononcés et où il importe d'éviter tout ce qui serait de nature à les froisser.

L'auteur de la comédie des *Francs-Maçons* voulant justifier le titre qu'il a donné à son ouvrage, y a introduit des scènes qui sont l'apologie constante et parfois exagérée de la Franc-Maçonnerie et des services qu'elle rend à la société.

[1] La pièce est de M. Debeaumont. On l'a publiée depuis en librairie.

Il en résulte entre les personnages du drame une suite d'opinions philosophiques où les croyances religieuses sont controversées, attaquées, méconnues, mais qui concluent toujours à la louange de la Franc-Maçonnerie et de ses adeptes.

Quelque respectable que soit une institution qui couvre de son manteau la charité et la philanthropie, nous pensons qu'il peut être contraire à l'ordre public de laisser se produire au théâtre une discussion à laquelle viendraient prendre part la morale religieuse et la politique.

Ces observations acquièrent plus de force et de gravité dans un moment où de nouvelles élections de députés sont peut-être sur le point de remuer les esprits et peuvent fournir un prétexte à des dissentiments publics.

Nous ajouterons que des modifications ne sauraient faire disparaître les inconvénients que nous signalons; il nous semble plus sage d'écarter entièrement de la scène un ouvrage de nature à devenir une cause de division et peut-être de désordres.

Gymnase-Dramatique

IL FAUT QUE JEUNESSE SE PAYE[1]

Comédie en quatre actes.

25 août 1858.

... Tout ce qui pourrait tendre à mettre en suspicion dans l'esprit public l'honorabilité d'individus appartenant à l'armée, nous semble surtout devoir être écarté du théâtre.

... En résumé, tout en reconnaissant que cette œuvre, d'ailleurs pleine de mérite, a été conçue dans un but incontestablement moral et honnête, et dans d'excellentes intentions, nous regrettons que l'auteur, pour formuler sa leçon,

[1] Par Léon Gozlan.

ait donné à son héros une profession qui doit être à l'abri de toute atteinte.

En conséquence, nous ne croyons pas pouvoir prendre sur nous de proposer l'autorisation de la pièce dans son état actuel.

Théâtre de l'Ambigu

LE MARCHAND DE COCO[1]

Drame en cinq actes.

PREMIER RAPPORT

4 janvier 1859.

... L'action se passe à Paris, en 1794, au plus fort de la terreur...

1. Par M. D'Ennery. — Frédérick Lemaître en joua le principal rôle. La pièce fut représentée en 1861, mais dépouillée de tout épisode relatif à la Révolution.

... Nous reconnaissons que cet ouvrage est composé dans de bonnes intentions et dans un excellent esprit...

Mais les bonnes intentions, au théâtre surtout, vont-elles toujours au but qu'elles se proposent ?

En reproduisant les événements d'un passé sinistre, ne craint-on pas d'évoquer des souvenirs terribles, de raviver de coupables espérances?

Si, par exemple, le tableau de l'Abbaye est fait pour inspirer l'intérêt et la pitié, n'en ressort-il pas aussi cette effrayante vérité, qu'en temps de révolution une poignée d'ambitieux et de scélérats suffit pour épouvanter, pour entraîner les masses et peut impunément disposer de la fortune et de la vie des honnêtes gens?

Le dévouement de la famille Gaspard n'est-il pas, bien involontairement sans doute, une accusation de lâcheté et d'égoïsme contre cette majorité terrifiée qui a vu et laissé commettre tant d'atrocités et d'horreurs?

Quels sentiments de douleur, de deuil et de dégoût n'éprouvera-t-on pas à l'aspect de cette place de la Révolution, fumante encore du sang d'augustes victimes, et à la vue de cet ignoble tombereau qui a conduit tant de malheureux à l'échafaud?

Le chancelier de l'Hospital a dit en parlant de la Saint-Barthélemy : *Excidat illa dies!* Nous pensons nous, que s'il n'est pas possible d'effacer des pages de notre histoire les dates funestes de 93 et 94, il est prudent du moins de les soustraire au grand jour de la scène, surtout dans les théâtres du boulevard.

...En conséquence, nous ne pensons pas pouvoir proposer l'autorisation et nous avons l'honneur de soumettre la question à la haute appréciation de Son Excellence.

Le ministre approuve les conclusions de ce rapport.

DEUXIÈME RAPPORT

22 janvier 1859.

Le manuscrit, largement modifié, du *Marchand de Coco* a été soumis à notre examen ; nous nous sommes dégagés complètement de l'impression qu'avait produite sur nous la première lecture.

Nous commençons par reconnaître que la mise en scène des actes révolutionnaires a été notablement atténuée.

Les proclamations dans la rue, les mouvements populaires, la fermentation des clubs, capable de surexciter les instincts monarchiques, ne sont plus mis sous les yeux du public.

Jacques Fauvel n'est plus un chef de section.

Il n'y a plus d'appel de condamnés à mort.

... Enfin les changements opérés sont tels qu'ils nous semblent avoir fait disparaître en partie les inconvénients que nous avons signalés dans notre précédent rapport.

Cependant il reste encore une difficulté sérieuse, capitale, inhérente au sujet même de la pièce, c'est l'époque à laquelle l'action se rattache, c'est le règne de la terreur qui, maintenant encore, traverse tout l'ouvrage, et imprime son cachet à toutes les situations. Si les répugnances, les craintes que nous avons exprimées et que nous exprimons encore à cet égard, paraissaient exagérées à Son Excellence, nous nous réserverions encore de demander de nouvelles modifications de détail avant de présenter la pièce à l'autorisation.

Odéon

LES GRANDS VASSAUX[1]

Drame en cinq actes.

1er février 1859.

Cet ouvrage semble avoir été composé pour réhabiliter Louis XI et le justifier des cruautés que lui reproche l'histoire, d'une part : en faisant ressortir l'ambition démesurée, l'insolence brutale des grands vassaux, et d'autre part, en exaltant la grandeur du but que le roi se proposait, l'affranchissement de la royauté, l'agrandissement de la France, son indépendance, son unité. Mais, par une contradiction doublement regrettable au point de vue de la logique de la pièce et au point de vue de la censure, l'auteur fait commettre à Louis XI un

[1] Par M. Victor Séjour. — La dernière création de Légier qui, au dernier acte, donna un caractère vraiment terrible à l'agonie de Louis XI.

crime abominable, un fratricide, dont les historiens ont à peine osé le soupçonner. Pour notre part, nous ne pouvons admettre qu'on présente au public un souverain qui se souille d'un assassinat, en invoquant le salut du pays, lorsque c'est aussi en invoquant le salut du pays que de prétendus patriotes attentent à la vie des souverains.

...Nous ne croyons pas pouvoir accorder l'autorisation.

9 février 1859.

L'auteur ayant opéré dans les passages que nous avons signalés des modifications et atténuations, auxquelles ce théâtre s'était d'abord refusé, nous n'avons plus qu'à proposer l'autorisation.

Théâtre de la Gaîté

L'ESCLAVE MICAËL[1]

Drame en quatre actes, précédé d'un prologue.

25 février 1859.

La scène est en Russie. L'action du prologue se passe en 1816 et celle du drame proprement dit, vingt ans plus tard.

. . . .

Cette pièce nous paraît offrir plusieurs inconvénients. En premier lieu, l'auteur montre dans tout le cours de la pièce un prince russe assassin et spoliateur.

En second lieu, la question du servage est un des principaux éléments de l'ouvrage, et l'auteur, en la traitant, représente la Russie comme une terre de servitude soumise à l'oppression la plus odieuse.

[1] Joué sous ce titre : *Michaël l'Esclave*. La pièce est de Joseph Bouchardy.

Enfin, la peinture de l'antagonisme entre le maître et l'esclave, ce dernier ayant toujours le beau rôle, ne présente-t-elle pas un certain danger dans une pièce destinée à un théâtre très fréquenté par les classes populaires ?

Nous pensons que cette pièce ne pourrait être autorisée que si l'on faisait disparaître les inconvénients que nous venons de signaler.

Théâtre Déjazet

CANDIDE

Nous n'avons point à faire le procès d'un roman *trop connu* d'où cette pièce est tirée. Ce

[1] Par M. Victorien Sardou. — Devant le refus d'autoriser *Candide*, qu'on trouvait grivois, Mlle Déjazet, qui comptait sur la pièce, disait au ministre, en vraie comédienne du XVIIIe siècle : « On me prend donc pour une charcutière, que l'on m'accuse « de débiter des cochonneries ? »

livre qui, pour les uns est le chef-d'œuvre de la critique des vices et des travers de l'humanité, orné de toute la verve et de tout l'esprit de Voltaire, n'est pour d'autres, qu'une accumulation de situations cyniques, de scènes révoltantes, qu'une diatribe plus violente encore que spirituelle contre la Providence, la société, les gouvernements et surtout contre la religion, première cause des malheurs et des crimes des hommes.

Nous ne pouvons que regretter qu'un auteur de talent ait eu la malencontreuse idée de demander au roman de *Candide*, le sujet d'une pièce de théâtre.

S'il a emprunté à Voltaire ses principaux personnages, il s'est bien gardé, il est vrai, de les faire trop ressemblants. Il n'a pas montré Pangloss défiguré par une maladie honteuse, Candide tuant les inquisiteurs et les jésuites, Cunégonde violée et éventrée par les Bulgares, les corsaires, etc..., puis devenant la maîtresse à la fois d'un juif et d'un archevêque et de tout le monde enfin, excepté de Candide.

Paquette, sous le nom de Paquita, n'est plus une fille de joie nourrissant, de ses débauches, un prêtre, son amant, etc., etc.

Mais, le titre, le personnage de Candide ne pouvait-il pas faire croire au public qu'on a pu mettre sur la scène quelques-unes de ces horreurs? Les souvenirs des spectateurs ne viendront-ils pas suppléer aux réticences et aux timidités de la pièce?

Après avoir posé cette question préalable que nous devons signaler à la haute appréciation de Son Excellence, nous analyserons l'ouvrage soumis à notre examen.

Candide chassé du château de Tender-Ten-Tronck, pour un baiser donné à Cunégonde, vient à Florence et est présenté chez la marquise de Parolignac dont la maison est une espèce de tripot et de mauvais lieu fréquenté surtout par deux escrocs, *l'abbé* et le chevalier. La marquise, trouvant Candide simple et naïf, veut lui apprendre à faire l'amour, ce qui amène des scènes de la plus inconvenante crudité. — A Cadix, Candide retrouve Cunégonde et veut l'enlever ; mais un corsaire les conduit à Constantinople. Là, Pangloss est eunuque du harem du Turc Barbara, dont Cunégonde est menacée d'être la favorite. Candide se fait passer pour eunuque et est chargé des femmes de Barbara, qui se moquent de sa timidité. — Surpris aux genoux de Cunégonde par le Turc, il obtient sa grâce à la condition qu'il dira à ce musulman ennuyé de tout, ce que c'est que le bonheur. S'il peut résoudre cette question, Barbara lui rendra Cunégonde à Venise, où se passe le dernier acte. Après une série de scènes de carnaval, Candide, qui a demandé à tout le monde ce que c'est que le bonheur, voit un laboureur passer avec son chariot et se disant heureux ; il en conclut que le bonheur c'est le travail. Barbara, satisfait de cette solution, rend Cunégonde à Candide.

..... Les détails graveleux dont tout l'ouvrage est semé et le deuxième acte en son entier, nous paraissent présenter trop d'inconvénients pour que nous puissions proposer l'autorisation de la pièce, indépendamment de la question préalable inhérente au sujet que nous avons eu l'honneur de soumettre à Son Excellence.

Théâtre Déjazet

LES PREMIÈRES ARMES DE FIGARO

Comédie-vaudeville en trois actes.

2 septembre 1859.

Cette pièce est pleine de verve et d'entrain ; elle est écrite avec esprit, agencée et mouve-

¹ Par MM. V. Sardou et Vanderburch. — Le premier succès de l'auteur de *Patrie*.

mentée avec adresse ; mais elle est d'une audace qui nous paraît dépasser les limites les plus reculées de ce qui est admissible au théâtre. Sans doute il y a des situations d'un bon comique qui peuvent être conservées ; sans doute aussi le talent de l'actrice chargée du rôle scabreux de Figaro atténuerait quelques mots trop risqués ; mais les modifications, les corrections, les suppressions nombreuses que nous devrons demander dans beaucoup de détails et dans le dialogue, sont de nature à exiger un remaniement complet de la pièce. Ce remaniement nous paraît d'autant plus indispensable, qu'il pourrait être dangereux d'inaugurer un nouveau théâtre par un ouvrage dont le double inconvénient serait tout d'abord de choquer la partie honnête du public et de faire appel à à une classe de spectateurs qui viennent chercher au théâtre des distractions, des émotions que nous nous abstiendrons de qualifier. Il serait regrettable que la pièce d'ouverture posât le théâtre Déjazet comme une succursale exagérée du Palais-Royal.

En conséquence nous ne croyons pas pouvoir proposer l'autorisation de cet ouvrage dans son *état actuel*.

DEUXIÈME RAPPORT

Le remaniement que nous avions jugé nécessaire a été effectué d'une manière qui nous a paru satisfaisante : nous proposons donc l'autorisation, sauf les modifications opérées sur les manuscrits.

Théâtre de la Porte Saint-Martin

LA TIREUSE DE CARTES [1]

Drame en cinq actes et un prologue.

25 novembre 1859.

..... L'examen de cet ouvrage soulève une

[1] Par Victor Séjour et M. Mocquard, qui ne signa pas, mais se plut à mettre à la scène l'épisode du petit Mortara.

question préjudicielle que nous ne croyons pas avoir qualité pour résoudre.

Il s'agit de savoir si, d'une part, en thèse générale on veut permettre que le théâtre devienne désormais une arène ouverte à l'antagonisme religieux, alors même que cet antagonisme ne se produit que dans un intérêt purement dramatique ; et si, d'autre part, dans l'état actuel de la politique internationale et religieuse, il convient de mettre à la scène un sujet évidemment inspiré par un fait récent[1], dont le retentissement semble précisément, dans le moment actuel, prendre une nouvelle recrudescence.

Nous avons l'honneur de soumettre cette question à la haute appréciation de Son Excellence.

Dans le cas où elle serait décidée dans un sens favorable, nous aurions à demander d'importantes modifications.

[1] L'enlèvement et le baptême du petit Mortara.

DEUXIÈME RAPPORT

7 décembre 1859.

..... Depuis le dépôt de notre rapport du 25 novembre, nous avons reçu l'invitation d'effectuer les modifications qui nous sembleraient de nature à diminuer les dangers ou les inconvénients de la représentation de ce drame, et nous nous sommes livrés à ce travail sans espérer, toutefois, arriver à un résultat complètement satisfaisant.

Nous avons atténué autant que possible ce qui nous a semblé faire ressortir trop vivement l'antagonisme religieux inhérent au sujet. Nous avons éliminé tout ce qui nous a paru blasphématoire ou impie ; nous nous sommes attachés surtout à faire disparaître l'intervention du clergé dans l'enlèvement de l'enfant. Ainsi, non seulement il n'est plus question d'un curé ni de son église, ni de son prône, mais encore nous n'avons pas admis qu'à la dénomination de curé, on substituât celle d'un supérieur de couvent, parce que ce supérieur ne peut être qu'un prêtre; nous avons accepté *une supérieure*, parce qu'elle n'a pas un caractère sacré; d'ailleurs elle ne figure pas dans ce drame et il n'en est parlé que pour le besoin de l'action.

Enfin, nous nous sommes efforcés de concentrer, autant que cela se pouvait, l'intérêt dominant du drame de la tendresse, dans la rivalité des deux mères.

Nous ajoutons que, par un sentiment de haute convenance, nous avons demandé le changement du nom de Ruspoli, qui est celui d'une famille princière romaine, dont un membre vient d'épouser une princesse de la famille de l'Empereur.

En conséquence, nous proposons l'autorisation, sauf les modifications opérées sur les manuscrits.

Théâtre du Palais-Royal

—

LA SENSITIVE[1]

Comédie-vaudeville en trois actes.

11 janvier 1860.

Vaucouleurs (dont le nom rappelle la pucelle d'Orléans), est un homme impressionnable que la moindre émotion paralyse.

Le jour même de son mariage, il est dans la crainte la plus vive de... bégayer auprès de sa femme, etc.

..... Quelles que soient les précautions que les auteurs aient prises pour gazer, par des illusions ingénieuses, l'idée fondamentale sur laquelle il n'y a pas à se méprendre et qui choque toute pudeur, cette pièce ne nous paraît pas de nature à être représentée.

Nous ne pouvons admettre que l'attention

1. Par M. Labiche.

d'un public soit attirée et concentrée pendant trois actes sur un pareil sujet, la question de *virilité* d'un mari, la consommation physique du mariage.

Théâtre Saint-Marcel

LE BARDE GAULOIS[1]

Pièce en deux actes, en vers.

10 mars 1860.

Cette pièce qui n'a pas autant qu'il le faudrait, la couleur de l'époque à laquelle l'action se rattache, contient sur la liberté, les tyrans et les *poëtes proscrits*, des déclamations des allusions peut-être qui, dans la bouche de l'artiste chargé du rôle du barde, peuvent pren-

[1] De M. Ponroy, joué par l'acteur Bocage, qui faisait bravement du théâtre une tribune.

dre un caractère plus significatif, et sur lesquels nous croyons devoir appeler l'attention de Son Excellence, avant de présenter l'ouvrage à son autorisation.

Théâtre du Vaudeville

CE QUI PLAIT AUX FEMMES [1]

Proverbe en trois actes.

PREMIER RAPPORT

14 juillet 1860.

Nous soumettons à la haute appréciation de Son Excellence le troisième acte dans son ensemble.

La peinture de l'excessive misère de la jeune ouvrière est un de ces tableaux navrants qui

[1] Par F. Ponsard.

irritent l'esprit public, et que nous avons toujours eu pour instruction d'écarter du théâtre, parce que, quelles que soient les bonnes intentions de l'auteur il en résulte une sorte d'acte d'accusation contre une société impuissante à assurer le moyen de vivre honnêtement aux femmes des classes déshéritées, et une justification indirecte de la prostitution de celles qui succombent.

DEUXIÈME RAPPORT

20 juillet 1860.

Un manuscrit du troisième acte retouché nous a été présenté. Les modifications apportées à la version primitive ne nous paraissent pas atténuer sensiblement les inconvénients que nous avons signalés dans notre précédent rapport.

Nous continuerons donc à appeler l'attention de Son Excellence tant sur ce troisième acte, que sur la scène du deuxième acte: *l'Amour du pouvoir*, dans laquelle, à notre connaissance, il n'a été fait jusqu'ici, aucun changement[1].

Théâtre Impérial de l'Odéon

LE PARASITE[2].

Comédie en un acte et en vers.

28 août 1860.

La scène se passe à Chypre. Philon, négociant et corsaire, a quitté sa femme Myrrhine le lendemain même de ses noces et n'a pas

[1] C'est la grande scène en vers où le général Lamoricière, alors au service du pape, était traité comme Aristophane traitait Cléon, et publiquement fustigé. *L'Amour du pouvoir* s'écriait, entre autre choses :

« Par moi les généraux des clans démocratiques
« Vont au pied des autels porter leurs trahisons. »

M. Ponsard a effacé ces vers de l'édition définitive de son *Théâtre*.

[2] Par M. Edouard Pailleron.

reparu depuis cinq ans. Myrrhine désire et craint tout à la fois son retour, car elle est vertueuse et elle aime son cousin Phèdre, avec qui elle a été élevée. Lampito, son esclave et sa suivante, aime également Phèdre et, pour le séparer de sa maîtresse, elle imagine de faire jouer le rôle de Philon à un parasite nommé Eaque, qui se prête volontairement à ce stratagème, parce qu'il a en perspective des vins exquis et des repas délicieux. Eaque se présente donc à Myrrhine en se faisant passer pour Philon, avec lequel il a quelque ressemblance, et son premier soin, après avoir embrassé sa prétendue épouse, est de se faire servir un dîner copieux. Mais Myrrhine a des soupçons; elle interroge Eaque et lui adresse des questions auxquelles celui-ci peut répondre, grâce aux renseignements que Lampito lui a donnés. Cependant Myrrhine doute encore et demande à Eaque quelques détails intimes sur ce qui s'est passé la nuit qui a précédé leur séparation ; Eaque se tire assez adroitement de ce pas difficile et parvient à convaincre Myrrhine, et s'apprête enfin à savourer son repas, lorsqu'on apprend la mort du vrai Philon. Le parasite est éconduit et Myrrhine épousera Phèdre.

Dans cette pièce, essai littéraire d'un jeune homme, il y a quelques détails un peu vifs, un peu risqués, peut-être, mais qui ne nous semblent pas dépasser la limite de ce qui est admissible au théâtre. Nous croyons donc pouvoir proposer l'autorisation, sauf les modifications opérées sur les manuscrits.

Vers changés :

EAQUE

J'adore, tu le sais, la brune Lampito,
La brune esclave de Myrrhine ;
Fais que je puisse entrer dans son lit au plus tôt.

Modification :

Fais-moi jusqu'à son cœur arriver au plus tôt.

Telle une enfant lascive agaçant un baiser.

Modification :

Telle une enfant rêveuse agaçant un baiser.

Théâtre Impérial de l'Opéra-Comique

LE SULTAN BARKOUF [1].

Opéra comique en trois actes.

10 octobre 1860.

La ville de Lahore est en révolution ; on brise les croisées du vice-roi. Babakek, le grand échanson, est fort maltraité. Mais tout se calme par l'arrivée du Grand Mogol qui, pour punir la ville de ses révoltes, lui donne pour vice-roi un chien, le chien Barkouf, chien favori de Maïna, jeune bouquetière, l'héroïne de la pièce.

[1] Paroles de M. Henri Meilhac, musique d'Offenbach.

Un magnifique cortège défile, le Grand-Mogol en tête. Les hurras, les cris de joie annoncent le palanquin du nouveau souverain, qui salue ses sujets *de la tête et de la queue*. Les hérauts d'armes ordonnent qu'on adore le vice-roi et qu'on se prosterne devant lui. Les acclamations du peuple répondent à cette proclamation.

Le chien vice-roi est enfermé dans le palais, dans une cage grillée. Bababek voudrait gouverner en son nom et lui faire apposer sa griffe sur certains *décrets*, et surtout lui faire approuver le mariage de Périjade, sa vieille fille, avec le jeune prince Saïb, que Maïna aime en secret. Mais le terrible souverain montre les dents à Bababek ; il menace de le dévorer. Pas de réceptions, pas d'audiences possibles. Nul n'ose approcher. Maïna se présente ; accueillie par le chien avec des transports de joie, elle est nommée son secrétaire interprète. Bababek espère, à l'aide de la jeune fille, régner et gouverner; mais il est dupé par la bouquetière.

Sans être vu, l'auguste sultan siège à son tribunal derrière ses doubles grilles; Maïna, en présence de la cour et de la foule, expose à Barkouf les plaintes du peuple, accablé d'impôts et expirant de misère. Le sultan répond par ses aboiements : ouah! ouah! ce que Maïna traduit par la réduction des impôts à moitié. Un jeune ouvrier est conduit au supplice pour des actes de révolte; Barkouf *aboie* sa grâce. Le mariage de Saïb avec Périjade est rompu par les mêmes aboiements. Bababek est furieux, mais le peuple célèbre les vertus du chien-roi et saura faire respecter ses décrets. C'est le meilleur des gouvernements.

Bababek et les seigneurs conspirent. Ils veulent empoisonner Barkouf et appeler les Tartares dans la ville. Maïna devine et déjoue leurs projets. Elle veut leur faire boire le poison qu'ils ont préparé; mais les Tartares envahissent Lahore.

Barkouf, délivré de ses grilles, se met à la tête du peuple, qu'il électrise par sa valeur et par son exemple. Mais le chien guerrier, après avoir défait les ennemis, meurt au milieu de son triomphe. Le Grand-Mogol revient pour punir Bababek et marier Maïna à Saïb, qu'il nomme vice-roi.

Les auteurs, dont nous sommes loin de suspecter les intentions, ont cru sans doute écarter les inconvénients de ce bizarre sujet et des allusions dont il fourmille, par la forme bouffonne de l'ouvrage et en plaçant le lieu de l'action dans l'Inde, le pays des fables et de la fantaisie. Mais tout en tenant compte de l'atténuation qui peut résulter de ces circonstances, nous ne pouvons nous empêcher de voir dans le fond de la pièce, dans les détails qui y sont inhérents, dans la mise en scène obligée, une dérision perpétuelle de l'autorité souveraine de tous les temps, de tous les pays.

En conséquence, nous ne pouvons proposer

l'autorisation du *Sultan Barkouf*, et nous avons l'honneur d'appeler sur cet étrange ouvrage toute l'attention de Son Excellence.

Le Ministre approuve les conclusions du rapport et interdit la représentation de cet ouvrage.

Le chef de la division des théâtres,

CAMILLE DOUCET.

19 octobre.

DEUXIÈME RAPPORT

28 novembre 1860.

A la suite de notre rapport, en date du 10 octobre, le ministre a prononcé l'interdiction de la pièce du *Sultan Barkouf*.

Depuis, les auteurs ayant modifié l'ouvrage en faisant du chien Barkouf non plus un souverain, mais un kaïmakan, un gouverneur, le théâtre a été autorisé à soumettre la pièce ainsi refaite à un nouvel examen.

Par ces changements, les inconvénients graves que nous avions signalés nous ont paru descendre de quelques degrés, s'atténuer, s'affaiblir ; il était difficile qu'ils disparussent entièrement.

Le fonds de la pièce étant admis en principe, nous voulons ne nous attacher qu'à faire encore supprimer ou modifier les détails qui rentraient dans la donnée primitive et à prévenir autant que possible les inconvénients que nous redoutions. Nous espérons que dans son état actuel la pièce sera en partie couverte par les circonstances atténuantes, c'est-à-dire le fantastique, l'impossible, le pays féerique de l'Inde.

Dans cette circonstance, tout en soumettant à l'approbation de M. le Ministre la pièce de *Barkouf*, nous avons l'honneur d'appeler respectueusement sur l'ouvrage tel qu'il est l'attention de Son Excellence.

Théâtre Impérial du Cirque

—

LES MASSACRES DE SYRIE[1].

Drame en cinq actes et douze tableaux.

24 décembre 1860.

Dans le cadre politique se détachent trois grandes figures :

D'abord Abd-el-Kader, qui joue dans ce drame le noble rôle qui lui a valu l'admiration du monde chrétien.

Ensuite le chef des Druses, qui veut écraser les Maronites pour jeter les bases d'un nouvel empire ottoman.

Enfin, un délégué du Sultan qui, chargé de pacifier les esprits, trahit les chrétiens qu'il doit protéger et les livre aux poignards de leurs ennemis pour partager leurs dépouilles.

Les inconvénients que présente ce rôle, personnification complète et offensante de la Tur-

[1] Par M. V. Séjour.

quie, nous paraissent d'une telle gravité que, nonobstant les circonstances dans lesquelles se produit cette pièce, dont la représentation paraissait indéfiniment ajournée, nous croyons devoir appeler sur cette partie de l'ouvrage l'attention de Son Excellence.

Note sur le personnage de RIGOLBOCHE *dans les revues.*

Parmi les personnages que les théâtres secondaires ont produit sur leurs scènes pendant l'année 1860, figure une femme qui s'est affublée de l'ignoble surnom de Rigolboche et qui, par sa danse impudique, les mémoires honteux qu'elle a eu l'effronterie de publier comme un spécimen de sa dépravation a soulevé mépris et dégoût chez tous les gens honnêtes.

La déplorable célébrité que cette créature s'est acquise lui a valu une place dans presque toutes les revues de cette année et nous avons profité de cette occasion toute exceptionnelle pour essayer de la faire rentrer dans l'obscurité, d'où elle n'aurait dû jamais sortir ; de même que, pour nous conformer aux instructions que M. le Ministre a daigné nous donner lui-même, nous nous efforcerons peu à peu, insensiblement, sans transition subite, de faire disparaître de la scène les Marguerite Gautier, les Marco, les Albertine et autres immoralités, pour lesquelles Son Excellence a manifesté sa répulsion.

Nous avons donc invité MM. les Directeurs à supprimer dans leurs revues tout ce qui avait trait à Rigolboche, et nous devons reconnaître qu'ils l'ont fait avec un louable empressement à notre demande, dont ils ont apprécié la convenance. Toutefois, chacun d'eux a demandé que si un de ses confrères était autorisé à exploiter cette chance de succès, la même faveur lui fût accordée.

Un seul directeur, et c'est précisément celui du théâtre qui a servi de piédestal à Rigolboche, s'est obstinément refusé à retrancher de sa revue, composée d'un prologue, de trois grands actes et vingt tableaux, deux petites scènes épisodiques, où il est question de cette femme. Il se fonde sur ce qu'il est dans une position exceptionnelle; pour nous, sa position est d'avoir créé une individualité immonde et ce n'est pas à nos yeux un titre suffisant pour obtenir ce qui a été refusé à d'autres.

Si M. le Directeur des Délassements-Comiques en appelle à la toute-puissante intervention de M. le Ministre, nous ferons respectueusement observer à Son Excellence que la concession qui lui serait faite devrait être, en bonne justice distributive, étendue aux autres théâtres et que dès lors on verrait reparaître sur toute la ligne le scandaleux personnage que nous avions eu l'espoir de faire oublier.

Théâtre de la Porte-Saint-Martin

L'INVASION [1]

Drame en cinq actes et quatorze tableaux.

2 septembre 1861.

Nous ne pouvons proposer l'autorisation d'une pièce qui a pour titre *l'Invasion* et qui retrace, avec une vérité navrante, une des époques les plus désastreuses de notre histoire contemporaine.

Malgré la revanche éclatante que la France a prise, malgré la place glorieuse que l'Empereur Napoléon III lui a reconquise parmi

[1] Par M. Victor Séjour. — Que de craintes et de terreurs fit naître l'apparition de ce drame! Le jour de la première représentation, les postes de police étaient doublés autour du théâtre de la Porte-Saint-Martin. On s'attendait à des manifestations hostiles. On avait peur que des coups de sifflets n'accueillissent la redingote grise et le petit chapeau légendaires. La préfecture de police en fut pour son zèle. La pièce ne donna lieu à aucun désordre, ni dans la salle ni sur le boulevard.

les nations, nous pensons que, sous la dynastie napoléonienne, le spectacle profondément affligeant et humiliant des calamités que l'esprit de parti a reprochées au premier Empire et présentées comme la cause de sa chute, ne peut être mis devant les yeux du public.

Nous avons l'honneur de soumettre l'ouvrage à la haute appréciation de Son Excellence.

6 septembre 1861.

MINISTÈRE D'ÉTAT

J'ai l'honneur de mettre sous les yeux du ministre le drame intitulé *l'Invasion* et le rapport qui viennent de m'être remis par la commission d'examen des ouvrages dramatiques.

J'ai lu l'ouvrage et le rapport. Et sans m'arrêter aux détails de la pièce, je ne puis en approuver l'esprit. Une idée domine à la lecture et sera encore plus en relief à la représentation : Convient-il de laisser discuter la cause de l'invasion et d'en divulguer les malheurs?

En prenant les ordres de Son Excellence, j'ai l'honneur de lui proposer d'approuver le rapport de la commission d'examen.

Le chef de bureau des théâtres,

TH. CABANIS.

Approuvé la conclusion de la commission.

Signé : WALEWSKI.

Comédie-Française

ON NE BADINE PAS AVEC L'AMOUR [1]

Comédie en trois actes.

30 novembre 1861.

Il est impossible, quand on a lu cette pièce marquée au cachet d'un si grand talent et qui

[1] Par A. de Musset.

entraîne même à leur insu, les lecteurs officiels chargés d'en signaler les inconvénients, il est impossible, disons-nous, de ne pas regretter profondément le souffle d'irréligion qui parcourt tout l'ouvrage et en ressort invinciblement plus encore par les situations que par les paroles.

L'ouvrage primitif a été sérieusement modifié et atténué avant d'être présenté à la scène française; nous avons nous-mêmes signalé encore des détails choquants et qui ont été, ou pourront être modifiés, mais l'ouvrage, en son ensemble, sera et demeurera un ouvrage peu sympathique aux croyances religieuses; et si une partie du public regrette les sacrifices que les *arrangeurs* ont cru devoir faire aux convenances théâtrales, une plus grande partie des spectateurs sera, surtout dans les circonstances actuelles, frappée de l'esprit général de l'ouvrage dont l'autorisation pourra paraître une espèce de *manifeste, une concession dans le sens des réclamations d'une partie de la presse contre les associations religieuses.*

Nous voudrions pouvoir proposer l'autorisation de cette œuvre remarquable, qui a pour elle une notoriété publique favorable, résultant d'une publication déjà ancienne, le nom de l'auteur si justement regretté, le théâtre sur lequel l'œuvre sera dignement interprétée sans exagération de ce qu'elle peut avoir de trop philosophique, mais, dans la situation actuelle, nous ne saurions prendre sur nous la responsabilité d'une proposition d'autorisation, et nous avons l'honneur de soumettre cette grave question à la haute appréciation de Son Excellence.

Certes, la pièce à la représentation ne peut donner lieu à aucune manifestation, à aucun inconvénient matériel et tangible; mais le fait de l'autorisation peut prendre les proportions d'une question politique que nous ne pouvons que signaler.

Théâtre de la Porte-Saint-Martin

—

NAPOLÉON BONAPARTE [1]

Drame en six actes et vingt-trois tableaux.

THÉATRE DE LA PORTE-SAINT-MARTIN

—

Cabinet du Directeur

27 novembre 1861.

Mon cher Raphaël,

Vous m'avez parlé du *Napoléon* de Dumas. Cette proposition a réveillé toutes mes idées et toutes mes sympathies. Battu avec le *Napoléon* de Séjour, je ne demanderais pas mieux que de revenir à la charge, et d'obtenir enfin l'autorisation de mettre en scène la grande épopée impériale, un de mes rêves, vous le savez. Je ne comprendrai jamais que le théâtre reste silencieux sur les faits populaires du

1. Par Alexandre Dumas.

premier empire, pendant le règne glorieux du second Empereur, et je crois que le peuple de Paris répondrait à mon appel si je lui donnais, avec toutes les splendeurs que je médite, toutes les grandeurs de son histoire.

Mais il me faut la pièce, et je vous charge, avant tout, d'en parler à qui de droit, avant que je me mette en route moi-même pour conquérir le droit de célébrer nos conquêtes.

A vous de cœur,

Marc FOURNIER.

A son Excellence Monsieur le comte Walewski, ministre d'État.

28 novembre 1861.

Monsieur le Ministre,

Au nom et en l'absence de M. Alexandre Dumas père, que je représente à Paris auprès de MM. les Directeurs des Théâtres, j'ai l'honneur d'exposer à Votre Excellence que

M. Marc Fournier a le désir ardent de reprendre sur son théâtre une grande pièce militaire intitulée : *Napoléon Bonaparte*. Jusqu'à ce jour, cette pièce n'a jamais été défendue ; j'ai les pouvoirs suffisants pour vous assurer, M. le Ministre, que tous les changements actuellement jugés nécessaires seront faits au gré de Votre Excellence ainsi que toutes les suppressions. Je puis également affirmer à Votre Excellence que la pièce de M. Alexandre Dumas, représentée pour la première fois au théâtre de l'Odéon il y a une trentaine d'années, sera montée au théâtre de la Porte Saint-Martin avec un éclat et un luxe dignes, en tous points, de la grande épopée impériale.

Je ne puis traiter définitivement pour M. Alexandre Dumas père, avec M. Fournier, sans l'agrément de Votre Excellence. Je viens donc, M. le Ministre, au nom de M. Alexandre Dumas, solliciter de votre bienveillance accoutumée pour l'illustre auteur, la permission de faire représenter sa pièce de *Napoléon Bonaparte*, au théâtre de la Porte Saint-Martin.

Dans l'espérance que cette demande pourra être parfaitement accueillie,

Recevez, etc.

Raphaël FÉLIX.

Rapport de la Commission d'examen

13 décembre 1861.

Cette pièce, représentée il y a une trentaine d'années, semble avoir été composée pour la glorification de l'empereur Napoléon Ier, le lendemain d'une révolution qui avait renversé un gouvernement impopulaire, établi sur les ruines de l'empire.

Nonobstant, la reprise de cette pièce, surtout sur un théâtre populaire, présente aujourd'hui plusieurs questions d'une haute gravité. Les principaux inconvénients qui nous frappent sont, au commencement, la mise en scène de l'époque républicaine avec les cris de : *Vive la République*, et la *Marseillaise ;* ensuite, à côté des splendeurs du premier empire, les désastres de la France, question tranchée naguère par la décision qui a interdit le drame : *l'Invasion*.

Puis, lors de la restauration, le spectacle de la trahison des deux grands capitaines de l'empire, sur les familles desquels rejaillissait la flétrissure; les deux abdications attribuées à la désaffection générale ; le tableau de l'esprit antipatriotique de la noblesse impériale ; enfin, la captivité et l'agonie du martyr de Sainte-Hélène, *léguant à la maison régnante de l'Angleterre l'opprobe de sa mort*.

Au point de vue de la paix intérieure, de la nécessité de la conciliation des partis, dont il importe de couvrir l'antagonisme du voile de l'oubli ; au point de vue des relations internationales avec un pays allié, contre lequel il est peut-être inopportun de rappeler nos griefs, nous pensons que la reprise de la pièce de *Napo-*

léon Bonaparte offre des difficultés d'un ordre trop élevé et nous paraît présenter trop d'inconvénients pour que nous puissions en proposer l'autorisation.

14 décembre 1861.

Refus d'autorisation. Il y aurait inconvénient à ce que le glorieux fondateur de la dynastie impériale paraisse sur le théâtre dans des conditions vulgaires.

Théâtre Impérial de l'Odéon

LA MARQUISE DE MONTESPAN [1]

Comédie en quatre actes, en prose.

29 mars 1862.

Dire que les principaux personnages de cette pièce sont Louis XIV, Mlle de la Vallière,

[1] Par M. Arsène Houssaye. La pièce, annoncée ensuite sous ce titre : *Le Roi Soleil*, fut définitivement interdite. Elle n'a même jamais été imprimée.

Mme de Montespan et la veuve Scarron, c'est en donner une analyse suffisante. Fatigué des amours tristes et plaintives de Mlle de la Vallière, le roi la laisse retourner définitivement au couvent des Carmélites, et appelle à lui succéder la fière et hautaine marquise de Montespan, qui, après une faveur de longue durée, est elle-même supplantée par Mme de Maintenon.

S'il ne faut voir dans cette comédie que les amours historiques et anecdotiques de Louis XIV, nous n'avons qu'à proposer l'autorisation, à la charge de certaines modifications dans les détails.

Toutefois, nous ne croyons pas devoir dissimuler l'impression pénible qu'a produite sur nous la lecture de cet ouvrage, moins encore par ce qui s'y trouve que par ce qui ne s'y trouve pas.

En effet, la pièce qui commence à la disgrâce de Mlle de la Vallière pour finir au moment où la veuve Scarron devient la maîtresse du roi, embrasse une période de quinze ans environ, la plus glorieuse du règne de Louis XIV, celle où les Flandres et la Franche-Comté furent conquises, celle où le palais de Versailles fut édifié, et l'hôtel des Invalides fondé, celle enfin où brillèrent les Condé, les Turenne, les Colbert, les Molière, les Corneille et tant d'autres.

Cependant, laissant dans l'oubli tous ces noms illustres, toutes ces grandes choses accomplies, on ne nous montre que des maîtresses royales, que des intrigues de cour, que les galanteries et les faiblesses du roi, comme si, d'après le langage même de Lauzun au quatrième acte, le règne de Louis XIV se réduisait aux mesquines propositions de trois périodes, trois influences, trois femmes. Est-ce sous un pareil jour que doit être offert, à un public éclairé, le tableau de ce règne où la gloire des lettres, des arts et du commerce, s'unit à la gloire des armes?

N'est-ce pas porter atteinte au respect dû au pouvoir souverain, que de mettre exclusivement en relief les erreurs, les fautes, les passions coupables de l'homme, en taisant les immenses qualités, le génie du prince et les services éclatants qu'il a rendus au pays ?

Nous avons l'honneur de soumettre ces réflexions à la haute appréciation de Son Excellence.

LES COSAQUES[1]

La pièce des *Cosaques* n'a dû son succès qu'à l'état d'hostilité de la France et de la Russie. Cette pièce a, dit-on, causé à Saint-Pétersbourg une vive sensation, qui n'aurait pas été sans influence sur les événements politiques dont la guerre a été le résultat. Une paix glorieuse et un rapprochement dont l'Angleterre s'alarme comme d'une alliance, ont remplacé les dispositions hostiles.

[1] Par MM. A. Arnault et Louis Judicis.

Dans cette position que nous ne pouvons apprécier que de trop loin, il ne nous est pas possible de comprendre la reprise de cet ouvrage[1].

Porte-Saint-Martin

DIX ANS DE RÈGNE

CANTATE

13 août 1862.

Dans cette cantate l'Italie dit :

Je suis le sol puissant d'où les marbres antiques
Sortaient tout façonnés et ressemblant aux dieux,
Et la nuit voit encore errer sous mes portiques
Des ombres de héros aux nimbes radieux !

Je suis l'auguste mère à la mamelle ardente !
Allaitant tour à tour Brutus et les Césars,
Marc Antoine et Pompée, et Virgile et le Dante,
J'ai vaincu par le glaive et régné par les arts !

[1] On le reprit cependant plus tard, au théâtre du Châtelet, en 1870.

La commission d'examen ne pense pas qu'il soit possible d'admettre dans les circonstances présentes, le personnage de l'Italie.

En conséquence, elle ne peut proposer l'autorisation de cette *cantate* dans son état actuel.

Théâtre Français

LE FILS DE GIBOYER[1]

Comédie en cinq actes, en prose.

3 octobre 1862.

...Le simple exposé de cette pièce suffit pour faire ressortir toutes les difficultés qu'elle présente. Il est évident que cette pièce contient

[1] Par M. Émile Augier. — Lorsque cette vigoureuse pièce parut, on s'écria : « Le *théâtre social* est inauguré ! » Voir sur l'effet qu'elle produisit en province une très curieuse brochure intitulée : *Le Tour de France du Fils de Giboyer*. — M. Veuillot répondit à dix lignes de M. Augier par un pamphlet de deux cents pages : *Le Fond de Giboyer*.

des expressions que nous ferions disparaître dans tel autre ouvrage, mais qui sont inhérentes à l'essence même d'une comédie politique.

La question est de savoir s'il convient, en principe, d'interdire ou bien d'autoriser une œuvre de ce genre, sauf, bien entendu, les modifications partielles qui pourraient être exigées.

Qu'il nous soit permis d'entrer, avec quelques détails, dans les considérations qui doivent servir d'éléments à une décision.

L'interdiction d'une pièce de théâtre trouve sa raison d'être, en général, dans quatre ordres d'idées différents.

1° L'intérêt de la morale publique.

2° L'intérêt de l'ordre social et de la politique du gouvernement.

3° L'intérêt de la religion.

4° Enfin les convenances et le goût dans les allusions aux personnes et aux choses.

Sous le rapport de la morale, la pièce dont

il s'agit est-elle blessante, doit-elle être interdite? Evidemment non. Cette affection quasi-paternelle du marquis pour Fernande Maréchal, fille d'une femme qui n'est plus, le désir de la marier de telle sorte qu'elle hérite de sa fortune et de son nom, la cause de cette tendresse que l'auteur laisse adroitement deviner, tout cela n'atteint pas les limites de ce qui a toujours été permis au théâtre.

Nous en dirons autant des coquetteries très nettement définies de Mme Maréchal avec les secrétaires de son mari : « *Elle ne les réduit pas* « *au rôle de Joseph, c'est une personne roma-* « *nesque, mais platonique. Son héros n'est* « *pas obligé de participer au roman. Elle se* « *persuade qu'elle est aimée. Elle se livre des* « *combats terribles, et, en fin de compte, elle* « *triomphe de son danger imaginaire en exi-* « *lant le séducteur dans un bon emploi.* » (Acte II, scène II.)

Il n'y a là rien de choquant ni d'offensant

pour la morale publique. Sous ce rapport donc, la pièce ne nous paraît pas avoir d'inconvénient.

Voilà pour le premier point.

Pour le second et le troisième, c'est autre chose.

Au point de vue des intérêts politiques et religieux, la question est fortement engagée.

L'auteur aborde de front la lutte de la démocratie, de la révolution, dans le sens philosophique et élevé du mot, en opposition avec la contre-révolution personnifiée par le parti légitimiste.

Pour une discussion de ce genre, la question religieuse se trouve inévitablement mêlée à la politique, dans la pièce comme dans la réalité des faits.

Et à ce propos, c'est ici le lieu de signaler plus particulièrement l'épisode que nous avons déjà fait remarquer du discours émané du comité légitimiste et qui doit être lu à la Chambre par un orateur d'emprunt.

Cette partie de l'ouvrage nous paraît d'une très sérieuse gravité. En effet : faisons d'abord abstraction du caractère d'allusion dont nous aurons à parler relativement à ce passage, et examinons le discours en lui-même.

Ce discours que Maréchal débite en s'asseyant, au commencement du troisième acte, est présenté, dans la pensée de l'auteur, comme le manifeste du parti légitimiste et clérical; cela résulte de la pièce même. On ne saurait, par conséquent, en partager les idées sous peine d'être obscurantiste et réactionnaire. Or, c'est contre cette pensée qu'il importe de protester. En effet, dans ces doctrines étalées comme fâcheuses et rétrogrades, il n'y a rien que n'admette le croyant le plus ordinaire, l'homme le moins fanatique et le moins fervent en matière politique et religieuse.

Des croyances parfaitement honorables, telles

que *l'espérance d'un monde meilleur ;* des idées manifestement sensées, telles que *la foi en Dieu;* assimilées *à tous les raisonnements auxquels on ne trouve rien à répondre et contre lesquels proteste un sentiment intime.* (Acte III, scène II.)

Toutes ces choses représentées comme les instruments de la contre-révolution ; voilà qui nous paraît une thèse aussi fausse que dangereuse au théâtre.

Cette double question politique et religieuse nous amène naturellement au quatrième point ; les convenances et le goût en ce qui touche les allusions aux personnes et aux choses.

Dans cette comédie, on ne saurait se le dissimuler, les allusions sont nombreuses et saisissantes.

Procédons par ordre.

Au premier acte le portrait de ce journaliste, *hussard de l'orthodoxie,* de ce *pamphlétaire angélique, convictator angelicus,* ne peut manquer, à la représentation, d'amener sur toutes les lèvres, avec un sourire significatif, le nom d'un écrivain très connu pour ses opinions ultramontaines et ses satiriques flagellations dans la polémique religieuse[1]. Cette allusion, toute transparente qu'elle soit, offre-t-elle un autre danger que d'attirer peut-être à l'auteur de la pièce et à l'administration qui l'aura autorisée quelque rancune, d'ailleurs sans grande importance ?...

Une allusion plus grave, et qui s'attaque alors à des personnages placés dans une sphère officielle, est celle dont nous avons déjà dit quelques mots à propos de ce discours fourni tout fait au député Maréchal, chargé de le lire comme étant de son crû.

On se rappelle les insinuations qui, pour ne pas avoir été écrites dans les journaux français, n'en ont pas moins couru les salons de Paris pendant la dernière session, au sujet de deux

[1] M. Louis Veuillot.

discours remarquables sur la question romaine, lus au Corps législatif par d'honorables députés du Nord, et du Haut-Rhin[1]. Une rumeur publique fort accréditée les a fait passer pour les organes de la pensée et de l'œuvre de personnages politiques très connus, cachés dans l'ombre des anciens partis, et réduits, publiquement au moins, au silence et à l'inaction.

Evidemment, il y a là encore une difficulté réelle et une question d'autant plus grave à trancher que c'est une des bases de la pièce.

Parlerons-nous, pour mémoire seulement, de cette autre allusion à un guerrier célèbre qui est allé briser ses lauriers dans une entreprise malencontreuse, sous un drapeau étranger[2], et que l'auteur, du reste, ne cite qu'une fois sous le nom de Castelfido?

Au quatrième acte, une allusion non moins

[1] MM. Kolb-Bernard et Keller.

[2] Le général de Lamoricière, qui avait accepté un commandement dans l'armée du pape. (Voyez la note relative à la pièce de Ponsard, *Ce qui plaît aux femmes.*)

saillante est offerte encore au public, et là le personnage est hardiment mis en scène ; nous voulons parler de *l'ancien ministre*, sous le nom de *Gauthereau*, consonnance qui, seule, ouvrirait les yeux les moins perspicaces, si d'ailleurs on ne reconnaissait aisément le portrait !

On se souvient sans doute qu'il y a quelques mois, dans l'assemblée d'une société *pour la propagation de l'éducation protestante*, l'illustre président, ancien ministre, et chef autrefois du parti doctrinaire, prononça à propos des affaires de Rome certaines paroles que tout le monde était loin d'attendre de la bouche d'un homme dont le puritanisme calviniste était proverbial.

Cette philippique politico-religieuse troubla l'assemblée protestante qui l'entendait, et donna lieu à des réclamations dont une partie de la presse se fit l'écho. Il y eut même une corres-

¹ M. Guizot.

pondance de polémique assez vive à laquelle les personnalités ne restèrent pas étrangères.

Dans la pièce, *l'ancien ministre Gauthereau*, faisant retirer le rôle d'orateur catholique à Maréchal pour le confier à Daigremont, le protestant ne rappelle-t-il pas de la façon la plus claire le fait que nous venons de rapporter? L'ensemble de tous ces détails, et de bien d'autres encore, nous paraît constituer des difficultés d'une nature grave, exceptionnelle, et sur lesquelles il ne nous est guère possible de prononcer.

Nous reconnaissons que l'ouvrage ne contient rien qui soit opposé à nos institutions, ni hostile au gouvernement ; mais n'y a-t-il pas là une question d'opportunité?

Nous nous demandons, par exemple, s'il n'y a pas quelque danger à laisser attaquer actuellement, à la veille peut-être des élections, un parti actif et remuant avec lequel on peut avoir à compter. Convient-il de le ménager prudemment ; faut-il plutôt le laisser battre en brèche ?

En somme, toutes les questions politiques et religieuses abordées dans cette œuvre, nous le répétons, nous semblent telles qu'elles échappent véritablement à notre compétence. La politique du gouvernement peut, dans les sphères élevées du pouvoir, avoir telles intentions, telles vues, telles idées que, du plan où nous sommes placés, il ne nous est pas donné d'apercevoir ou même de pressentir.

En conséquence, quelque favorable que puisse être d'ailleurs notre opinion sur cet ouvrage, remarquable à plus d'un titre, nous ne saurions nous reconnaître qualité pour formuler une proposition catégorique d'autorisation ou d'interdiction et nous avons l'honneur de soumettre la question à la haute appréciation de son Excellence.

Théâtre du Gymnase-Dramatique

—

LES GANACHES

Comédie en quatre actes.

... Comme des professions de scepticisme et d'irréligion nous semblent ne pouvoir se produire dans une salle de spectacle qu'avec certains ménagements, nous demanderions que l'on fît disparaître, au milieu des nombreux passages où l'athéisme de Vanclin se trouve décrit ou

[1] De M. Victorien Sardou. — L'auteur qui devait, plus tard dans *Maison Neuve*, railler spirituellement les démolitions, les célébrait ici avec une sorte de lyrisme. M. Prévost Paradol le critiqua, à ce sujet, vertement dans la *Revue des Deux-Mondes*. Les ganaches de tous les partis figuraient dans son œuvre, sauf la ganache bonapartiste, la plus amusante de toutes pourtant. Malgré cet oubli (la censure n'eut point permis d'ailleurs la moindre allusion sur ce point), la pièce déplût, à l'Impératrice en particulier. Certain type de dévote hargneuse, fort bien tracé, éveilla les scrupules. M. Sardou ne fit plus tard que souligner davantage son opinion en écrivant *Séraphine*, où nous retrouvons encore une dévote, mondaine celle-là.

formulé, ceux où le trait, cessant d'être un des éléments essentiels du caractère, pourrait être pris par le public pour une théorie irréligieuse, une thèse générale.

Sous cette réserve, et aussi sous la réserve de quelques détails, peu nombreux du reste, à supprimer ou à modifier, nous n'avons qu'à proposer l'autorisation *de cette comédie, composée dans un excellent esprit* et avec un talent remarquable.

Le Ministre approuve les conclusions du rapport.

Théâtre impérial de l'Odéon

LE DOYEN DE SAINT-PATRICK[1]

Drame en cinq actes.

18 novembre 1862.

..... Cette pièce qui contient plusieurs allu-

[1] par M. Louis Ulbach.

sions à l'hostilité de l'Irlande et de l'Angleterre n'emprunte guère à la politique que les éléments nécessaires à l'action.

Toutefois nous avons cru devoir exiger la suppression de quelques phrases, peu nombreuses du reste, qui ont paru agressives contre l'Angleterre, dont la position politique vis-à-vis de l'Irlande encore actuellement, peut prêter à ces allusions un certain inconvénient.

Ces modifications ont été opérées.

Nous proposons l'autorisation.

Théâtre du Boulevard du Temple

LÉONARD

Drame en sept actes.

3 décembre 1862.

Ce drame a été publié il y a quelques années déjà sous le titre : *le Retour de Melun.* Sur notre demande, le Directeur a supprimé ce titre. Il lui a substitué celui de *Léonard.*

. . . .

. . . .

La moralité de ce drame nous paraît incontestable. Il nous semble bon de montrer au public

1 Par MM. Ed. Brisebarre et Eugène Nus. Le drame était écrit avant que le public ne connût le Jean Valjean de Victor Hugo. Ce fut un des grands succès du boulevard, de ce *boulevard du crime* aujourd'hui disparu. Les représentations de *Léonard* finissaient à peine que la pioche était mise dans ce Théâtre-Historique où Dumas avait fait jouer *Monte-Cristo, Catilina, Hamlet*, etc.

populaire du boulevard l'abîme où peuvent entraîner la fainéantise et l'oisiveté.

Toutefois, trois choses dans cette pièce ont particulièrement appelé notre attention : 1° le rôle de Tête-Noire ; 2° un certain rapprochement que quelques personnes pourraient faire entre une partie de cette pièce et la donnée même du drame *les Misérables* ; 3° la couleur générale qui pourrait résulter pour le spectateur de ces tableaux de cabaret, de ces scènes populaires.

... Les très nombreuses suppressions que nous avons exigées ont ramené ce scélérat aux proportions d'un criminel sérieux ; en un mot, il n'est plus le plaisant du drame, il en est le traître, et nous croyons que si le théâtre se renferme strictement dans l'esprit actuel du rôle, ce personnage n'offre plus aucun danger.

On ne peut nier qu'au premier abord la partie de la pièce où Léonard se voit repoussé par tout le monde ne paraisse avoir quelque analogie avec la donnée du drame *les Misérables*. Marcel n'est pas sans rappeler Javert, l'agent de police. Nous croyons néanmoins qu'il y a une différence assez grande entre les deux pièces pour que la même décision ne puisse leur être appliquée.

... De larges et importantes suppressions dans la scène des égoutiers et dans celle où M. Herbillon renvoie Léonard, nous semblent avoir fait disparaître les détails qui auraient pu amener un rapprochement entre la pièce de *Léonard* et les *Misérables*.

... Quant à l'impression pénible que quelques spectateurs pourraient remporter soit des deux tableaux de cabaret qui se trouvent dans cette pièce, soit de l'acte des égoutiers, l'ensemble et les conclusions du drame nous semblent trop honnêtes pour qu'il puisse y avoir un danger quelconque pour les habitués des théâtres du boulevard, dans cette mise en scène, à laquelle d'ailleurs est accoutumé un public qui a vu *les Bohémiens de Paris*, *le Canal Saint-Martin* et d'autres drames où abondent des scènes populaires du même genre. Toutefois, nous croyons devoir appeler l'attention toute particulière de M. l'inspecteur des théâtres sur la mise en scène de ces tableaux et sur la couleur générale de la pièce.

Les suppressions et les modifications que nous jugions nécessaires ayant été opérées par le Directeur, nous n'avons plus qu'à proposer l'autorisation du drame intitulé : *Léonard.*

DEUXIÈME RAPPORT

20 décembre 1862.

La pièce de *Léonard,* qui a été présentée pour le théâtre du boulevard du Temple sous le titre de : *le Retour de Melun,* avait éveillé des préoccupations dans l'administration.

Ce dernier titre, en effet, semblait caractériser l'œuvre et la mettre d'avance au niveau de *Poulailler,* de *la Route de Brest,* de *Cartouche,* etc...

Sous l'influence de cette prévention, à peu

près générale, la pièce a été profondément modifiée par la censure et nous l'avons trouvée, à la répétition, n'excédant en aucune façon la limite des choses permises au théâtre; nous pourrions même ajouter qu'elle ne nous a pas paru exempte d'une certaine moralité.

Les personnes délicates regretteront le milieu dans lequel se meuvent souvent les personnages du drame ; mais il ne faut pas oublier que c'est un drame tout populaire ; d'ailleurs, n'avons-nous pas *les Deux Forçats*, *le Courrier de Lyon*, etc.

... Malheureusement, l'œuvre elle-même nous a paru manquer de puissance et son interprétation laisse à désirer.

Théâtre du Boulevard du Temple

—

BAPTISTA

Drame en cinq actes et neuf tableaux.

... L'analyse, si longue qu'elle soit, ne peut donner une idée complète de l'ouvrage, car la physionomie de la pièce est principalement dans les détails de mœurs.

Nous ne dissimulons pas que l'auteur a voulu arriver à un but honnête ; nous ne nions pas qu'il ait pu croire trouver un certain enseignement moral dans ce tableau de toutes les misères de la vie de débauche et de l'avenir lamentable qui est réservé à ces créatures brillantes. Mais une conclusion honnête qui se démontre par une série de tableaux des plus déshonnêtes et des plus choquants, ne saurait être utile et bonne. N'y a-t-il pas, au contraire, un inconvénient grave à établir sous les yeux du public toutes les péripéties de ces existences dépravées et luxueuses ?

Une pièce qui, à l'exception de deux personnages, personnifications du bonheur dans le devoir, ne présente qu'une série de types vicieux et débauchés ; une pièce qui est la peinture la plus crue de l'intérieur des courtisanes et qui, à ce point de vue, dépasse de beaucoup par son audace toutes les comédies du même genre ; une pièce qui montre ces femmes faisant leur métier avec un cynisme aussi ouvert, prenant des amants, les quittant, en reprenant d'autres ; une pièce, enfin, entièrement consacrée à la mise en scène de ce monde perdu, nous semble, quel que soit le dénouement, ne pouvoir offrir, dans son ensemble, qu'un spectacle blessant pour la morale, malsain et choquant pour le public bourgeois, dangereux et irritant pour les classes ouvrières.

En conséquence, nous proposons l'interdiction du drame intitulé *Baptista*.

Théâtre Impérial du Cirque

LES POLONAIS

Drame en trois actes et six tableaux.

17 mars 1863.

Le drame *les Polonais* a été joué à Paris en 1831, à une époque où le théâtre était complètement libre de tout contrôle de l'administration.

Il est soumis à l'examen aujourd'hui, mais tronqué, écourté, singulièrement réduit.

Cette pièce met en scène divers épisodes de la grande insurrection polonaise de 1831, les paysans s'arment pour l'indépendance, les Russes défendent leur conquête...

Afin de rattacher l'insurrection de 1831 aux événements d'aujourd'hui, afin de donner à leur pièce un caractère d'actualité, ses auteurs ont terminé par le tableau suivant leur drame, qui n'est plus daté que par les noms des principaux chefs.

Au moment où dans les rues de Varsovie, les Russes vont faire feu sur les Polonais, paraît *une apothéose symbolique montrant l'empereur Napoléon III pacifiant le monde.*

... Nous proposons l'autorisation, sous la réserve toutefois du dénouement. Cette intervention allégorique de l'Empereur nous paraît être délicate et n'est peut-être pas sans quelques inconvénients.

Tout en n'ayant aucune objection à faire contre cette pièce au point de vue de censure ordinaire, nous croyons devoir faire une observation.

Il est des ouvrages pour lesquels la censure nous semble exceptionnellement ne pouvoir complètement fermer les yeux sur la valeur de l'œuvre même ; ce sont les à-propos en l'honneur du chef de l'État et les pièces patriotiques ayant un but gouvernemental.

Il faut que ces ouvrages réussissent ou du moins ne tombent pas; car leur insuccès serait d'un effet regrettable.

Or, le jour où la scène est ouverte à une cause que l'on peut appeler française et par les sympathies de tous et par l'appui moral que lui porte le gouvernement, nous nous étonnons et nous devons exprimer nos regrets de voir qu'un théâtre, voulant faire appel à tous les sentiments généreux du public en faveur du mouvement national de la Pologne, n'ait rien trouvé de mieux à prendre qu'une ancienne pièce dont nous ignorons la valeur dans son ensemble, mais qui enfin telle qu'elle est aujourd'hui, ainsi hachée, ainsi décousue, n'offre qu'une série de scènes sans intérêt et ne présente que des chances très médiocres d'atteindre le but élevé qu'elle semble se proposer.

Porte-Saint-Martin

LES MOHICANS DE PARIS[1]

Drame en cinq actes et douze tableaux.

25 juillet 1862.

Les deux pôles, pour ainsi dire, de la pièce reposent sur deux idées que font ressortir les développements de l'ouvrage, à savoir : le dévouement politique et le dévouement religieux.

Il s'agit d'abord d'une conspiration en faveur du roi de Rome.

Ce drame soulève plusieurs questions importantes à différents degrés. Nous citerons d'abord celle de la confession. Un moine, pour ne pas prévariquer en divulgant la confession qu'il a

[1] Par Alexandre Dumas. (Le roman était de Dumas et Paul Bocage). Le *Jackal* des *Mohicans* a eu depuis une lignée nombreuse. M. Lecoq est un de ses descendants, et tous les agents dont le roman judiciaire a abusé sont de sa famille.

reçue d'un criminel, est obligé de laisser monter à l'échafaud son propre père, injustement accusé ; c'est là une donnée dramatique qui nous a paru mériter les plus sérieuses préoccupations.

Nous avons été amenés à penser que, si d'une part, l'inviolabilité du secret de la confession pouvait faire naître, dans certaines circonstances, des sentiments peu conformes au respect dû à la sainteté du sacrement, d'un autre côté, ce secret offrait une garantie de plus aux pénitents, et témoignait de la sécurité autant que du caractère auguste du tribunal de la pénitence. Nous avons dû, d'ailleurs, nous rappeler que cette question a déjà été résolue dans le sens de l'autorisation, dans une circonstance tout à faire analogue, à l'occasion du drame, *les Fiancés d'Albano*, représenté en 1858 au théâtre de la Gaîté. Cette donnée n'a produit alors aucun mauvais effet, ni dans le public ni dans la presse.

Quant à la mise en scène de la confession elle-même, il y a plusieurs précédents et notamment *Marie Stuart*, du réalisme desquels la pièce actuelle n'approche pas.

La manière dont cette confession est présentée dans *les Mohicans*, nous paraît écarter tout inconvénient. En effet, aucune des cérémonies, aucun des rites usités au confessionnal ne sont mis sous les yeux du spectateur. La scène est plutôt une sorte de conversation confidentielle qu'une confession véritable.

L'épisode qui soulève une objection beaucoup plus grave est celui du moine qui, pour avoir le droit de divulguer le secret dont la révélation sauvera la tête de son père, assassine de sa propre main le véritable criminel dont la mort le délie de son serment.

Nous considérons cette scène comme absolument impossible. La pièce contient en outre, en certain nombre, des épisodes et passages pour lesquels il y aurait lieu de demander des remaniements et retranchements assez importants.

Nous citerons notamment le tableau où le duc de Reichstadt est mis en scène, d'une manière intéressante, il est vrai, mais tout à fait déplacée aujourd'hui, et dans des conditions qui nous paraissent de tous points inadmissibles.

Nous mentionnerons aussi certaines parties du rôle de Jackal, le chef de la police de sûreté. . . . .

DEUXIÈME RAPPORT

30 juillet 1864.

Ce drame est, quant au fond et aux personnages principaux, une nouvelle édition du drame présenté à la censure au mois de juillet de l'année dernière et qui a fait l'objet d'un rapport du 25 juillet 1863.

... Par suite de nos objections, cette première pièce a été ajournée, puis refaite pour être jouée sur le théâtre de la Gaîté.

Dans le nouveau drame, le tableau du duc de Reichstadt, auquel Sarranti remettait une lettre de l'Empereur et qui donnait à l'ouvrage l'espèce de sentiment dynastique que nous avions signalé, a été supprimé.

Le moine Dominique Sarranti ne tue plus Gérard pour pouvoir révéler en plein tribunal la confession qui sauve son père; il n'est plus condamné aux galères; on ne voit plus le départ des forçats, dont il se faisait l'aumônier.

..... En supprimant certains tableaux, les auteurs en ont substitué d'autres qui développent, en les aggravant, les rôles du chef de la police de sûreté, Jackal, et de ses acolytes. Gibassier, Longue-Avoine, Carmagnole et les autres forçats qu'il emploie dominent dans la nouvelle pièce. Les conversations de tous ces hommes, leurs allures, leur langage facétieux et cynique, dans le genre des Robert Macaire et des Chopart, présentent sous un jour aussi abject qu'odieux la police qui ne devait paraître dans le drame que comme un accessoire obligé, comme un auxiliaire de la justice.

. . . .

Quant au tableau de la conspiration dans les Catacombes, nous ne pouvons admettre que, même pour la cause la plus sympathique, 60 chefs de vente de Carbonari, ayant, disent-ils, sous leurs ordres 240,000 hommes, discutent et mettent aux voix les destinées de leur pays; nous ne pouvons admettre que ces frères, liés par les serments les plus formidables, mettent aux voix la vie où la mort du chef de la police de sûreté tombé entre leurs mains; que cet homme condamné par eux ne doive son salut qu'à l'intervention d'un moine qui se trouve au milieu des conspirateurs. Nous croyons que dans aucun cas on ne peut mettre impunément sous les yeux du public ces formes mystérieuses, ce pouvoir occulte et souverain que s'arrogent les sociétés secrètes.

Quand il s'agit de juger Jackal, des voix s'élèvent pour lui reprocher tous les crimes imputés à la police de la restauration, la conspiration de Colmar, l'échafaud de Pleignier et Carbonneau, Tallerond, les sergents de la Rochelle, etc.

Ces attaques contre la police de la restauration et contre la restauration elle-même répondent-elles aux idées du gouvernement sage et fort qui a fait appel à la conciliation de tous les partis?

D'après tous les motifs que nous venons de déduire, nous croyons que la pièce dans son état actuel ne peut être autorisée.

TROISIÈME RAPPORT

11 août 1864.

. . . .

Après les sacrifices nombreux que nous avons

obtenus des auteurs, nous aurions désiré n'avoir plus qu'à proposer l'autorisation du drame; malheureusement, nous nous trouvons encore en présence de deux difficultés capitales qui ne nous permettent pas de prendre sur nous cette proposition.

... C'est sous la restauration que la pièce se passe, c'est la restauration et la police seule de la restauration que l'on a voulu attaquer par le rôle tout passif de Jackal.

En envisageant la question à ce point de vue, ainsi que le désirent les auteurs, nous nous demandons encore, comme nous nous demandions dans notre dernier rapport, jusqu'à quel point il convient à l'esprit de conciliation du gouvernement impérial de laisser attaquer de cette façon la restauration, sur le théâtre.

Nous devons même aller plus loin. L'optique du théâtre est telle, — de nombreux exemples le prouvent, — que, si bien datée que soit une pièce, il est difficile pour le spectateur de séparer absolument le drame qui se joue devant lui du milieu même et de l'époque où il vit, alors surtout que la chose attaquée existe, fonctionne et peut être le but de ses malices ou de ses calomnies.

Aussi, malgré les précautions des auteurs pour bien faire remonter à la police de la restauration tout l'odieux de son rôle si vivement mis en relief par la péripétie qu'amène la destitution de son agent supérieur, nous craignons qu'il ne puisse y avoir aujourd'hui encore un inconvénient grave à montrer un chef de police, se disant honnête et se prêtant si facilement à toutes les manœuvres honteuses que l'on désire de lui, abdiquant sa conscience pour ne plus connaître que ce qu'il appelle son devoir, et recrutant pour agents des hommes tels que Gibassier.

Outre ces points capitaux, il en est encore un autre qui avait appelé notre attention, c'est la mise en scène du travail et des opérations des agents de police. De nombreuses suppressions ont été faites dans cette partie. Toutefois, nous croyons devoir signaler ce qui en reste.

En présence des difficultés qui subsistent encore dans la pièce et que nous venons d'examiner, nous avons le regret de ne pouvoir que maintenir nos conclusions précédentes.

Théâtre de la Gaîté

LA POUDRE D'OR[1]

Drame en cinq actes et sept tableaux.

Un vol considérable de poudre d'or, accompagné d'un double assassinat, est commis en

1. De M. Victorien Sardou. — Le drame, définitivement interdit, n'a pas été représenté. L'auteur en voulut faire une nouvelle dont les premiers chapitres furent donnés au journal *l'Univers illustré !* Il y avait là une saisissante description d'in

Californie au préjudice d'une association de travailleurs. Simon, caissier de cette association, est injustement accusé d'être l'auteur de ces crimes; toutes les apparences sont contre lui, la justice sommaire de la loi de Lynch lui est appliquée, il expire sur le gibet. Son fils André, jeune médecin venant de France, arrive trop tard pour le défendre et le sauver, mais il jure de le venger, de châtier les vrais coupables, et c'est l'accomplissement de cette tâche qui fournit les éléments, la péripétie du drame.

La persévérance d'André, les moyens qu'il emploie pour atteindre et démasquer le scélérat qu'il poursuit, son amour pour Marianna dont il soupçonne le père d'être complice du crime imputé à Simon; les angoisses de cette jeune fille qui tantôt voit dans l'homme qu'elle aime le fils d'un voleur, d'un meurtrier, et tantôt croit à la culpabilité de Don Carvajal, son

cendie. La nouvelle tout à coup interrompue n'a pas été continuée. Le drame eût obtenu, sans doute, un grand succès.

père; des scènes émouvantes de somnanbulisme et d'autres incidents dramatiques jettent un intérêt saisissant sur cet ouvrage dont nous n'aurions qu'à proposer l'autorisation, sauf quelques modifications de détails, si nous n'étions arrêtés par un obstacle, qui malheureusement nous paraît insurmontable.

Cet obstacle est le personnage de Pougnasse, l'un des véritables assassins, et la cheville ouvrière de la pièce, qui la traverse d'un bout à l'autre, Pougnasse, dont le nom suffit pour peindre l'homme qui le porte. Sorti des prisons de Melun, il est venu chercher fortune en Californie où il n'a vécu que de rapines jusqu'au moment où le vol de la poudre d'or lui permet de se poser en homme du monde. Il est impossible de se figurer rien de plus ignoble, de plus abject que ce misérable. S'il ne prêche pas les théories perverses de *Robert Macaire*, il les pratique audacieusement et il a, en les exagérant encore, les allures, le langage, le cynisme effronté de Chopart dans *le Courrier de Lyon :* il plaisante avec le vol, il badine avec le meurtre, il folâtre avec le sang, c'est en un mot un type odieux, d'autant plus révoltant qu'il est pris au cynique, et qu'il nous paraîtrait dangereux de produire de nouveau sur une scène populaire, alors que Robert Macaire en est chassé et que Chopart n'y est toléré qu'à regret. Nous pensons que le personnage de Pougnasse est radicalement impossible; nous pensons que des modifications, des atténuations seraient insuffisantes pour le rendre admissible, parce qu'elles ne pourraient qu'adoucir la teinte du rôle et que le jeu de l'acteur en ferait infailliblement reparaître la couleur primitive. En conséquence, nous ne pouvons proposer l'autorisation de ce drame dans son état actuel.

Théâtre de la Porte-Saint-Martin

FAUSTINE [1]

Drame en dix tableaux.

PREMIER RAPPORT

27 novembre 1865.

La lecture de cet ouvrage a donné lieu, tout d'abord, de notre part, à deux observations capitales.

Les allusions ne trouvent pas toujours leur raison d'être dans l'analogie des personnages et des situations, dans la similitude des caractères et des actes, dans le rapprochement logique de ce qui est représenté sur la scène avec ce qui se passe dans la réalité des choses. Il est tel détail, telle expression dont l'articula-

[1] Par Louis Bouilhet. Une œuvre véritable, forte et fière une évocation superbe du monde romain.

tion seule dans une salle de spectacle, surtout au boulevard, peut suffire pour faire venir à l'idée de certains spectateurs des pensées qu'il convient d'écarter avec soin.

Ainsi, nous croyons qu'il importe d'éviter d'exposer à l'irrévérence du sourire de quelque plaisant du parterre, et qui peut devenir communicatif, des expressions, des appellations qui appartiennent à ce qu'il y a de plus auguste, à ce qui doit être mis à l'abri de tout manque de respect.

Dans l'espèce, il nous paraît d'abord que toutes les fois qu'il s'agit de l'empereur Marc-Aurèle, il faut qu'il soit désigné par son nom propre et non par le titre que lui donne la dignité souveraine dont il est revêtu ; de même pour l'impératrice Faustine.

Lorsqu'il est question de l'empire romain, nous demandons qu'on substitue à l'expression *l'empire*, les mots de Rome, d'État, de Patrie, suivant qu'il pourra convenir à la phrase. Les allusions, même tirées de loin, sont familières aux mauvais esprits et facilement contagieuses pour les bons ; aussi, il est un autre ordre d'idées que nous demandons la permission d'aborder franchement et sans détour.

L'auteur, en composant le caractère de Faustine, n'a pas très fortement appuyé sur son amour pour Cassius ; c'est plutôt une sorte de coquetterie de la part d'une femme accessible aux hommages d'un homme qu'elle a entrevu autrefois et qui maintenant est entouré à Rome d'un grand prestige de gloire et de popularité. L'ambition de l'impératrice pour elle-même et surtout pour son fils qui doit hériter du trône, nous paraît particulièrement ressortir en un relief accentué. Ses anxiétés à cause de la santé de l'empereur, ses craintes des malheurs qui pourraient arriver s'il venait à mourir, sa sollicitude pour le jeune César, héritier du trône, tout cela présente un ensemble d'où il résulte inévitablement de sinistres pensées auxquelles le spectateur ne saurait peut-être se défendre de mêler involontairement un intérêt direct et des préoccupations d'actualité.

Ce sont là, à notre avis, des choses qu'il n'est ni utile, ni convenable de rappeler à l'esprit d'un public rassemblé au théâtre pour son plaisir. Il est à désirer que cela puisse disparaître, c'est une suppression que nous regardons comme importante.

Telles sont les principales modifications que nous avons à indiquer dans cette pièce de longue haleine et fort compliquée. Sous le mérite de ces observations, nous proposerons l'autorisation et nous aurons l'honneur de présenter en temps utile à la signature, le manuscrit de cet ouvrage, mais nous considérons comme un devoir impérieux de signaler à l'avance et tout spécialement à la haute attention de Son Excellence, le drame de *Faustine*, dont, au reste, la valeur littéraire, les qualités sérieuses d'érudition, aussi bien que le talent et les précédents de l'auteur, ne peuvent que commander l'intérêt.

10 décembre 1863.

Note confidentielle pour M. le Surintendant général des théâtres.

Les observations de la censure consignées dans le rapport ci-joint, sur le drame de *Faustine*, ont un degré différent d'importance.

L'auteur a fait, en grande partie, droit aux unes; celles qui subsistent ont encore leur gravité.

Au 7e tableau, lorsque Rutilianus, le chef du Sénat, vient, suivi des sénateurs, à une fête donnée par l'impératrice, annoncer que l'empereur est mort, cette nouvelle, quoique fausse, répand une consternation générale et la scène s'achève au milieu de l'agitation du peuple et des prétoriens, frappés de stupeur par cette catastrophe qui met l'empire en question.

Cette péripétie essentielle à l'action est pour nous une cause des plus grands scrupules; et si nous sommes embarrassés pour proposer l'interdiction d'une pièce, il faut le dire, remplie de talent, et dont l'action se passe bien réellement à Rome, nous ne le sommes pas moins, pour laisser passer sans observations un ouvrage dont une situation capitale peut être, pour les mauvais esprits, la source d'allusions, forcées sans doute, mais faciles à pressentir.

Dans cet état de choses, nous avons l'honneur d'appeler sur cette question la haute attention de M. le Surintendant général.

M. le Surintendant général des théâtres pense qu'on ne doit pas prévoir des allusions qui ne sont pas dans les intentions de l'auteur, et que le public ne verra probablement pas.

Il approuve du reste entièrement les observations de la commission d'examen.

CAMILLE DOUCET.

14 décembre.

Note confidentielle pour M. le Directeur de l'administration des théâtres.

15 janvier 1864.

Par deux rapports, en date du 27 novembre et 10 décembre dernier, nous avons eu l'honneur d'appeler l'attention de Son Excellence et de solliciter des instructions sur le drame intitulé *Faustine*, soumis à la censure par le directeur du théâtre de la Porte-Saint-Martin.

Par décision en date du 14 décembre, le drame a été admis en principe, à la condition de certains changements de détails.

L'autorité supérieure, en adoptant cette mesure, se fondait sur ce que les inconvénients que nous trouvons dans cette pièce, disparaissaient devant la tranquillité générale et le calme des esprits.

Aujourd'hui, la situation nous semble loin

d'être la même qu'il y a un mois, c'est pourquoi nous croyons remplir un devoir impérieux en signalant de nouveau à l'attention de M. le Directeur de l'administration des théâtres un ouvrage qui, en repassant, pour ainsi dire, à chaque instant sous nos yeux, réveille chez nous les craintes les plus vives.

Nous rappellerons que dans le drame de *Faustine*, nous nous préoccupions de divers épisodes, de différents moyens qu'emploie l'auteur, et dont un principalement tient une place considérable dans l'œuvre. Au premier acte, la conspiration des chefs des légions contre Marc-Aurèle ; dans le courant de la pièce, la question de la mort de l'empereur, discutée, l'anxiété causée d'abord par cette préoccupation, et ensuite la stupeur répandue dans le Sénat, à la Cour, parmi le peuple, à cette nouvelle semée tout à coup, tels sont les dangers qui aujourd'hui nous paraissent encore aggravés par les circonstances.

La pièce est en pleine répétition au théâtre ; son apparition coïncidera peut-être avec le procès des régicides italiens.

Dans de telles conjonctures, il est à craindre que cette pièce ne soit une source d'allusions et d'inquiétudes. Il n'est pas possible, *à priori*, de prévoir à la lecture, ni même aux répétitions, des impressions dont la reproduction seule devant le public peut révéler la gravité, et il ne serait pas impossible que l'autorité fût amenée à suspendre, après les premières épreuves, le cours des représentations de l'ouvrage.

En conséquence, en raison des circonstances actuelles, toutes différentes de celles du mois de décembre dernier ; en présence de la fermentation à laquelle les débats parlementaires ne sont peut-être pas étrangers ; à l'approche du jugement des misérables qui ont osé ourdir un complot pour attenter aux jours de l'empereur, la commission de censure pense qu'il y aurait lieu, non pas d'interdire la pièce de *Faustine*, mais d'en ajourner la représentation à une époque moins inopportune.

Note pour le ministre.

Un grand drame littéraire de M. Louis Bouilhet se répète au théâtre de la Porte-Saint-Martin, sous le titre de *Faustine*.

Examiné par la commission de censure, il y a deux mois, cet important ouvrage a donné lieu à un premier rapport, en date du 27 novembre, duquel il résulte que quelques changements devaient être faits pour aller au-devant de certaines allusions que les mots d'empereur, impératrice et autres pourraient provoquer.

Ces changements ont été faits par l'auteur; une seule objection subsistait encore.

Au 7e tableau, Rutilanus, chef du Sénat, vient, suivi des sénateurs, au milieu d'une fête donnée par l'impératrice, annoncer que l'empereur est mort. Cette nouvelle, quoique fausse, répand une consternation générale et la scène s'achève au milieu de l'agitation du peuple et des prétoriens, frappés de stupeur par cette catastrophe qui met l'empire en question.

Cette fausse nouvelle de la mort de Marc-Aurèle est historique.

Bientôt l'empereur reparaît et ses ennemis rentrent sous terre.

Si, en décembre dernier, au milieu de la tranquillité publique, on put croire qu'il n'y avait pas lieu de prévenir des allusions qui n'étaient pas dans les intentions de l'auteur et que le public ne ferait probablement pas, doit-il en être de même aujourd'hui, quand la discussion de l'adresse agite momentanément les esprits, quand tous les cœurs sont émus par une conspiration récente, quand le procès, qui va en être la conséquence, entretiendra l'inquiétude en soulevant l'indignation.

Dans le drame de Bouilhet, il ne se trouve pas un mot irritant. Les intentions de l'auteur sont hors de doute, comme son dévouement.

Mais il faut avoir le courage de tout dire. Que dans cette salle populaire de la Porte-Saint-Martin, qui a été le théâtre de tant de scandales publics, la nouvelle de la mort de Marc-Aurèle soit applaudie avec fureur par ce mauvais public dont les passions sont aujourd'hui surexcitées ; n'y verra-t-on pas une allusion outrageante, n'accusera-t-on pas l'administration d'avoir manqué de clairvoyance en n'allant pas au-devant d'un danger qui peut ne pas se produire, mais qu'il est impossible de ne pas prévoir.

Dans l'état actuel des choses, la représentation du drame de *Faustine* semble devoir être, non interdite, mais ajournée.

J'ai l'honneur de prendre, à ce sujet, les ordres de Son Excellence.

Pour le Surintendant général,

Le Directeur de l'administration des théâtres,

Camille Doucet.

J'ai lu la pièce en son entier ; elle m'a paru bien écrite et intéressante ; elle est de nature à frapper l'imagination du public ; mais dans ce public il peut y avoir des gens mal intentionnés qui seraient heureux de faire des allusions coupables.

Ajourné.

29 janvier 1864.

Maréchal VAILLANT

D'après les intentions de l'Empereur, exprimées à M. le Ministre, j'ai l'honneur de prier Son Excellence d'approuver que le drame de Faustine *soit représenté, sans ajournement, sur le théâtre de la Porte-Saint-Martin.*

Pour le Surintendant général,
Le Directeur de l'administration des théâtres,

Camille DOUCET.

28 janvier 1864.

Approuvé.

4 février 1864.

Maréchal VAILLANT.

LA DANSEUSE DE MILAN[1]

Drame en cinq actes.

Ce drame ne soulève qu'une question, question des plus radicales, c'est la question d'opportunité.

Le moment est-il propice pour mettre en scène ce tableau rétrospectif des griefs de l'Italie contre l'Autriche ?

..... Nous ne doutons nullement des bonnes intentions qui ont animé l'auteur, nous ne doutons pas un un instant que la pièce soit populaire et très sympathique au public français. Mais est-ce un motif suffisant pour représenter, avec l'autorisation du gouvernement, sur une scène nationale, un spectacle des plus blessants pour un gouvernement avec lequel on est en paix et en amitié?

[1] Par M. Paul Foucher. — La pièce, d'abord interdite, fut représentée au théâtre de la Porte-Saint-Martin.

Est-ce un motif suffisant pour raviver, par un tableau irritant, le souvenir de douleurs apaisées aujourd'hui, grâce au concours actif de la France, et pour venir envenimer de nouveau les esprits au milieu du travail de pacification qui s'opère en Italie, et auquel l'Autriche elle-même semble vouloir prêter la main.

Si à la suite de la campagne de 1859, la France a rendu la Lombardie aux Italiens, le traité de Villafranca a laissé la Vénitie à nos adversaires de Solférino. L'Autriche gouverne à Venise encore aujourd'hui, comme naguère elle gouvernait à Milan, et toutes les cruautés que la pièce fait commettre au comte Welstein, personnifiant l'Autriche, ne peuvent elles, pour certains esprits, retomber sur l'Autriche occupant Venise?

Croire que Welstein ne personnifie pas l'Autriche parce qu'il est Croate, nous semble inadmissible, quand on songe à toutes les petites nationalités qui se fondent ensemble pour former l'empire d'Autriche. Welstein est général autrichien, et c'est à ce titre qu'il commande à Milan ; peu importe sa nationalité originaire.

Les quelques atténuations qui pourraient être faites dans l'ouvrage, pour adoucir un peu la barbarie du général Welstein, ne nous semblent pas pouvoir arriver à pallier l'inconvénient inhérent à la pièce même, l'antagonisme violent entre l'Autriche et l'Italie.

Quant au projet de l'auteur de transporter la scène à Gênes en 1746, et de substituer l'expulsion des Autrichiens du duché de Gênes à l'expulsion des Autrichiens de la Lombardie, nous croirions ce changement illusoire et plus fâcheux que la pièce même à un double point de vue, au point de vue de l'Autriche, vis-à-vis de laquelle l'attaque aurait, à peu de chose près, la même gravité ; au point de vue du Gouvernement pour lequel la pièce actuelle a du moins l'incontestable mérite de mettre en scène une des pages les plus glorieuses.

En résumé, dans l'état apparent de nos relations internationales, tel que nous pouvons l'apprécier du plan où nous sommes placés, en nous rappelant combien il nous a été prescrit de prudence récemment, pour la pièce de *Marengo*, à l'endroit de tout ce qui pourrait blesser la diplomatie autrichienne, nous ne pensons pas que la représentation du drame : *la Danseuse de Milan* soit opportune, et nous ne pouvons qu'en proposer l'ajournement

---

Théatre du Gymnase

L'AMI DES FEMMES

Comédie en cinq actes.

5 mars 1864.

De Ryons est un gai viveur, qui par principe ne veut pas se marier. Riche, orphelin, indé-

[1] Par M. Alexandre Dumas fils, une de ces œuvres osées,

pendant, il s'est promis de ne confier ni son cœur ni son honneur à aucune femme; mais comme il les croit aussi charmantes dans l'intimité avec les hommes, que redoutables dans l'amour, il les adore et fait profession d'être leur ami. A ce titre, il s'est trouvé et se trouve mêlé à une foule d'intrigues.

Voici celle qui traverse la pièce, et en fait l'action.

Jane a épousé le comte de Simerose sans amour; le soir même de son mariage, elle s'est séparée du comte. Elle mène une vie indépendante, elle court le monde passant pour veuve. La jeune comtesse est entourée d'une cour d'amoureux, De Montègre, Des Tarjettes, De Chantrin et enfin De Ryons lui-même.

Jane, sur le point de se laisser compromettre

bizarres, profondes, qui devancent le public, l'étonnent, le heurtent, l'irritent et valent mieux dans leur audace durable que tant de comédies applaudies et qui n'ont point de lendemain. — M. Dumas fils a donné un post-scriptum à son *Ami des femmes* en écrivant *une Visite de noces*.

par De Montègre est sauvée par Ryons qui devient son conseiller. De Ryons a compris que Jane, sous son apparence frivole, est sérieusement éprise de son mari et il les réconcilie.

A côté de ces personnages principaux du drame, se trouvent des personnages accessoires, tels que mademoiselle Hackendorf, riche et belle héritière qui épouse M. de Chandrin, un des adorateurs de Jane, ; et le ménage Leverdet, composé du mari, savant complètement absorbé par le travail, de Mme Leverdet, femme sur le retour, qui a dépensé sa vie en intrigues galantes, enfin leur fille Balbine, jeune enfant de seize ans qui ne demande qu'à quitter la maison paternelle.

Cette pièce, choquante peut-être par la forme un peu brutale avec laquelle sont exposées les théories sur la femme et sur le mariage, ne nous semble pas cependant de nature à être interdite.

Des modifications importantes ont été demandées et opérées dans le rôle de Jane, et dans celui de Mme Leverdet.

Nous avons l'honneur de proposer l'autorisation de *l'Ami des femmes*.

Théâtre des Variétés

LA POSTÉRITÉ D'UN GENDARME

Vaudeville en un acte.

PREMIER RAPPORT.

24 mai 1864.

... L'auteur de cette pièce, entraîné par l'excentricité burlesque de son sujet, a fait du personnage principal un type d'ineptie grotesque et d'importance ridicule qui ne dit et ne fait

[1] Par M. Mario Uchard. — L'affiche ne portait pas le nom de l'auteur, mais le pseudonyme de *Durand*. La pièce fut jouée sous ce titre : *la Postérité d'un bourgmestre*.

que des bêtises, et ce personnage est un brigadier de gendarmerie *dans l'exercice de ses fonctions*.

La commission d'examen ne croit pas qu'il soit possible de permettre un ouvrage qui *bafoue ainsi le représentant du corps de l'armée le plus spécialement chargé de la sûreté publique, le plus en contact avec la population*, de la gendarmerie, composée de soldats d'élite et entourée d'une considération méritée par de courageux services.

Cette estime publique ne saurait être amoindrie sans de très graves inconvénients, et si une telle pièce venait à être représentée aujourd'hui avec l'autorisation ministérielle, toutes les scènes secondaires, en vertu de ce précédent et sous l'empire de la liberté des théâtres, s'empresseraient de reproduire le type du gendarme inepte et ridicule qui, jusqu'à présent, a été écarté avec le plus grand soin des représentations dramatiques.

Par ces motifs, la commission d'examen est d'avis que la pièce ayant pour titre *la Postérité d'un gendarme* est radicalement inadmissible.

DEUXIÈME RAPPORT

Dans un premier rapport sur l'ouvrage intitulé *la Postérité d'un gendarme*, où figurait comme personnage principal un brigadier de gendarmerie, inepte et ridicule, la commission d'examen a fait connaître les motifs qui lui semblaient s'opposer à la représentation de cette pièce.

Théâtre Impérial de l'Opéra-Comique

LES VISITANDINES

Opéra comique en deux actes.

15 juin 1864.

Cette pièce, comme l'indique son titre, met en scène tout un couvent de religieuses de la Visitation de la Sainte-Vierge, depuis la mère abbesse jusqu'à la tourière.

..... Les développements de cette donnée amènent bon nombre de détails assez lestes et irrévérencieux.

Cet ouvrage, d'un des maîtres de la scène, Picard, de l'Académie française, obtint son premier succès pendant les plus mauvais jours de la Révolution, à cette époque néfaste où les églises étaient fermées, le clergé proscrit, la religion foulée aux pieds.

Le directeur du théâtre impérial de l'Opéra-Comique sollicite aujourd'hui l'autorisation de remettre au répertoire *les Visitandines*.

..... Seulement, comme il comprend que la pièce ne saurait être jouée aujourd'hui dans son état actuel, il s'engage à faire tous les modifications nécessaires, mais demande surtout de conserver le titre, sous lequel l'ouvrage est resté populaire.

Ce directeur, qui, depuis son entrée en fonctions, n'a jamais causé d'embarras à l'administration, appuie principalement sa requête sur cette considération que *les Visitandines* n'étaient pas interdites sous Napoléon Ier.

Lors de la Restauration la scène subit de notables changements et l'ouvrage fut représenté sous le titre du *Pensionnat de jeunes demoiselles*.

Quelle que soit la valeur que le directeur prétende tirer de cet argument, que *les Visitandines* n'étaient pas interdites sous le premier empire, assertion dont, au reste, nous n'avons pas les moyens de constater l'exactitude, nous ne pensons pas que cette demande doive être accueillie. Il ne suffit pas, en effet, qu'une pièce ne contienne rien de mauvais, il importe au moins autant, dans l'intérêt de la morale publique, que le titre, vulgarisé tous les jours par l'immense publicité des affiches apposées de toute part, ne vienne pas offusquer les regards de l'innombrable portion de la population qui ne va pas au spectacle. Or, nous croyons que le titre d'une communauté religieuse servant de titre à une pièce de théâtre est chose inconvenante.

Il est une considération particulière que nous ne croyons pas indifférent de signaler.

Au moment où va s'inaugurer la liberté des exploitations théâtrales il serait fâcheux d'établir un précédent de cette nature.

Les Visitandines, de Picard et Devienne, sont tombées dans le domaine public. Tous les théâtres peuvent s'en emparer. En admettant que les directeurs y apportent, chacun avec son goût particulier, des modifications et suppressions qui ôteraient à la pièce ses principaux inconvénients, le titre, une fois autorisé, peut se trouver reproduit à l'infini de tous côtés, et même il y aurait à craindre de voir adopter pour une foule de pièces de tous genres des titres analogues, tels que *les Bernardines*, *les Ursulines*, etc., etc. C'est un danger qu'il nous paraît nécessaire de prévenir.

En conséquence, nous pensons que le titre, *les Visitandines*, non plus que la pièce, dans son état actuel, ne doivent être autorisés.

Théâtre Impérial de l'Odéon

LORENZACCIO [1]

Drame en cinq actes.

28 juillet 1864.

Ce n'est pas la première fois qu'il est question de représenter cet ouvrage, qu'Alfred de Musset n'avait pas composé pour la scène. Le Théâtre-Français, qui y avait songé, a reculé devant des difficultés qui lui parurent insurmontables.

Dans la version que le directeur de l'Odéon soumet à la censure, on a cherché à adapter l'ouvrage à la scène par des suppressions nombreuses et des soudures ayant pour objet de rapprocher les différentes péripéties que les digressions, toutes naturelles dans un drame écrit pour être lu et non pour être joué, isolaient les unes des autres.

[1] Par Alfred de Musset.

Nous ne croyons pas que cette œuvre, arrangée telle qu'elle est, rentre dans les conditions du théâtre. Les débauches et les cruautés du jeune duc de Florence Alexandre Médicis, la discussion du droit d'assassiner un souverain dont les crimes et les iniquités crient vengeance, le meurtre même du prince par un de ses parents, type de dégradation et d'abrutissement, nous paraissent un spectacle dangereux à présenter au public.

En conséquence, nous ne croyons pas qu'il y ait lieu d'autoriser la pièce de *Lorenzaccio*.

Porte-Saint-Martin

—

LES FLIBUSTIERS DE LA SONORE [1]

Drame en cinq actes et dix tableaux.

27 août 1864.

Ce drame, évidemment inspiré de l'expédition du comte de Raousset-Boulbon, a éveillé l'attention de la commission, eu égard aux circonstances actuelles et aux événements dont le Mexique est le théâtre depuis quelques années, mais il nous a semblé qu'aucun rapprochement n'était possible entre les faits de guerre auxquels la France a pris une part si glorieuse et l'expédition romanesque d'un étourdi comme le comte d'Armançay.

Cependant, nous avons cru demander aux

[1] Par Amédée Rolland et M. Gustave Aymard. — Le comte Horace dont parle ici l'analyse n'était autre que le comte Raousset-Boulbon, dont la destinée est bien faite pour tenter les romanciers et les dramaturges.

auteurs la modification de certains passages relatifs au Mexique, et exiger que le drapeau français ne fût pas celui des aventuriers commandés par le comte Horace; de plus, que le cri: « Vive la France! » ne fût pas prononcé par eux lorsqu'ils combattent dans les rues d'Hermosilla les soldats du général Guerrero.

Une situation nous paraissait difficile à admettre: c'était l'exécution du comte Horace, fusillé sur le théâtre. Les auteurs se sont efforcés de l'atténuer.

..... Une grande dignité accompagne les derniers moments de l'héroïque aventurier, qui tombe et meurt sans agonie... D'ailleurs, il existe un précédent... *l'amiral Byng*...

La pièce est autorisée.

Gymnase

—

L'ÉTRANGÈRE[1]

Comédie en un acte.

8 octobre 1864.

La donnée de cette pièce, avec quelque ménagement que l'auteur l'ait traitée nous paraît présenter un inconvénient grave.

Nous croyons mauvais de mettre sous les yeux du public ce dévergondage d'imagination des femmes du monde, et du plus haut monde, qui, sans autre mobile qu'une curiosité malsaine, se donnent ainsi pendant une heure le plaisir et la honte de la vie de courtisane.

La princesse russe Ismaïloff, représentée comme appartenant à la plus haute aristocratie étrangère, la marquise de Cambry, représentant

[1] Représentée sous ce titre : *les Curieuses*.

le monde parisien, amenées chez une Nina Castrucci, la première, par un hasard dont elle se réjouit et dont elle profite ; la seconde, par la fantaisie d'un amant qui satisfait ainsi un des caprices de sa maîtresse, nous semblent, dans leur ardeur joyeuse à jouer à la drôlesse, d'un enseignement aussi dangereux, plus démoralisant peut-être que la mise en scène des filles elles-mêmes.

Si nous entrons dans les développements de la pièce, nous ne pouvons pas ne point signaler la position si nettement avouée de Mme de Cambry, vis-à-vis du vicomte Alexandre. Quant au dénouement nous trouvons profondément immoral et blessant de voir la princesse Ismaïloff recevant son mari dans la chambre à coucher et aux lieu et place de la Castrucci, et trouvant ainsi moyen de compléter légalement son équipée et de satisfaire tout à fait sa curiosité.

En résumé, la commission pense que *l'Etrangère*, qui aurait le double sort d'attaquer la morale publique et de froisser les susceptilités de la haute société parisienne et étrangère, ne saurait être admise au théâtre, et qu'elle ne peut qu'en proposer l'interdiction.

Théâtre du Châtelet

—

BONAPARTE OU LES PREMIÈRES PAGES D'UNE GRANDE HISTOIRE

Note pour le Ministre.

18 octobre 1864.

La pièce ci-jointe intitulée : *Bonaparte ou les premières pages d'une grande histoire*, fut représentée pour la première fois le 2 janvier 1850, avec un éclatant succès.

Le directeur du théâtre impérial du Châtelet se propose de la reprendre aujourd'hui.

La censure n'ayant été rétablie qu'en juillet 1850, postérieusement à la représentation de cet ouvrage, la brochure a été soumise à la commission d'examen et plusieurs questions délicates, notamment une question de principe, lui paraissent devoir appeler l'attention de Son Excellence. En 1850, ce drame répondait merveilleusement aux aspirations de l'époque; *déjà le second Empire apparaissait à l'horizon, soutenu par la glorieuse popularité du premier, et le peuple accueillait avec enthousiasme tout ce qui se rattachait aux diverses phases de la grande époque impériale.*

Aujourd'hui que l'Empire existe dans toute sa puissance, et que la dynastie napoléonienne est solidement assurée sur le trône de France, on se demande s'il est utile, convenable et respectueux de montrer au peuple son illustre chef sous les traits d'un comédien luttant contre la misère d'abord, contre la malveillance ensuite, et triomphant enfin, il est vrai, à force de génie de ses ennnemis personnels et des ennemis de la France.

Cette observation, dont on ne peut méconnaître la valeur, et que les meilleurs sentiments inspirent, est combattue par des considérations non moins sérieuses que je demande à Son Excellence la permission de lui exposer.

La popularité est une des forces de l'Empire; faut-il la sacrifier à la grandeur? Faut-il reléguer le premier Empereur dans les nuages de sa gloire et le placer si haut qu'on le voie moins?

L'Empereur est si grand que rien ne peut le diminuer; ce qui abaisserait les autres ne l'atteint pas; il s'élève au contraire en touchant la terre.

Je n'en conclus pas qu'il soit désirable que des drames sur l'Empire et l'Empereur, se jouent sur tous les théâtres de Paris. Loin de là! j'y verrais un grand danger et un grand inconvénient.

Soutenus par un certain sentiment d'opposition, les pièces de ce genre ont beaucoup réussi de 1830 en 1850. Le même sentiment pourrait aujourd'hui leur nuire, et rien ne serait plus mauvais que de voir leur faveur contestée.

Un ouvrage nouveau dans lequel l'Empereur Napoléon Ier aurait un grand rôle et qui devrait être donné partout ailleurs qu'au théâtre du Châtelet (ancien Cirque), me causerait quelque inquiétude. Je suis moins effrayé de la reprise d'un drame ancien, joué plus de deux cents fois il y a quatorze ans, et qui reparaîtrait sur la scène spécialement consacrée à la représentation des pièces militaires en général, et en particulier à la représentation des grandes victoires impériales.

Ma vraie crainte est que la pièce, par cela seul qu'elle a vieilli, réussisse moins aujourd'hui qu'en 1850 et qu'on ne veuille attribuer ce résultat à une autre cause.

Le directeur, M. Houstein, fort habile et très dévoué, croit pouvoir garantir un grand succès.

Dans aucun cas, cette pièce ne pouvait être représentée sans des changements de détail que la censure eût demandés en 1850 même, si elle eût existé, et qu'elle demanderait aujourd'hui à plus forte raison. Certaines inconvenances seraient enlevées, les questions religieuses seraient supprimées ; le futur Empereur aurait moins à lutter contre les difficultés de la vie matérielle que contre les embarras d'une carrière destinée à devenir glorieuse, etc., etc[1].

Peut-être aussi conviendrait-il, ainsi qu'on le propose, au surplus, que la pièce fût seulement intitulée *les Premières Pages d'une grande Histoire.*

Mais, avant tout, la question de principe doit être résolue et j'ai l'honneur de prendre, à cet effet, les ordres de Son Excellence.

Le surintendant général des théâtres,

BACCIOCCHI.

[1] Le cardinal Mattei devenait le marquis Mattei ; où il y avait *la République*, on mettait *la France.*

S. M. l'Empereur décide le 19 octobre 1865, que la représentation de la pièce sera autorisée.

Maréchal VAILLANT.

Théâtre Lyrique Impérial

LES DEUX REINES DE FRANCE[1]

Drame en trois actes et quatre tableaux et en vers mêlé de chants.

Janvier 1865.

Ces deux reines sont Ingeburge et Agnès de Méranie. L'action du drame est la répudiation de la princesse danoise et l'interdit mis par le pape sur le royaume de France, pour forcer Philippe-Auguste à la replacer sur le trône.

[1] Par Ernest Legouvé. La pièce interdite a été imprimée. L'auteur en donna plusieurs fois lecture et de cette façon fut applaudi doublement, comme dramaturge et comme conférencier.

L'analyse fait aisément comprendre quelles ont dû être les préoccupations de la commission d'examen à la lecture de cet ouvrage dont la donnée première repose sur un fait historique du moyen âge, où le pouvoir royal est forcé de s'humilier devant l'autorité pontificale et les malheurs de l'interdit religieux lancé par le pape contre la France.

Une tragédie dont le sujet était le même : *Agnès de Méranie*, de M. Ponsard, a été autorisée, et représentée à l'Odéon en 1846, époque où le pouvoir temporel du pape n'était pas devenu l'une des questions les plus ardentes de la politique, et dans cette tragédie, ce pouvoir se montrait constamment violent, absolu, implacable.

L'ouvrage soumis aujourd'hui à notre examen, n'a point ces formes acerbes et irritantes. L'auteur fait de l'amour l'élément principal de son drame et, quand il entre dans la lutte du pape et du roi de France, il semble prendre soin d'éviter toute déclamation politique... etc., etc.

Malgré ces ménagements dont il convient de tenir compte à l'auteur des *Deux Reines de France,* malgré ces modifications de détail qu'il pourrait apporter à son ouvrage, en raison des circonstances particulières où il se produit, et de faits récents qui touchent à la fois à la politique et à la papauté, la représentation de ce drame ne nous paraît pas devoir être autorisée en ce moment.

Lettre de M. Legouvé, auteur des DEUX REINES DE FRANCE.

Mon drame des *Deux Reines,* dont la presse avait bien voulu s'occuper, est interdit.

La commission d'examen s'en étant référée à l'administration supérieure, Monsieur le Ministre, avec sa bienveillance habituelle, me permit de plaider ma cause devant lui par une lettre.

Voici cette lettre :

« Monsieur le Ministre,

« Menacé de perdre le fruit d'un long travail, et surtout de le faire perdre au compositeur éminent qui a bien voulu s'associer à moi, je demande à Votre Excellence la permission de lui dire, pour ma défense, ce que je crois la vérité. Si je ne m'abuse, un des premiers soins du ministère des Beaux-Arts doit-être de prêter appui aux œuvres sérieuses, difficiles et qui ont l'art pour principal objet.

« A ce titre, il me semble qu'un écrivain dramatique qui consacre trois années à écrire une pièce en vers, qui s'efforce de reproduire fidèlement un des faits de notre histoire les plus importants au point de vue moral ; qui essaie pour cet ouvrage une forme de drame-lyrique encore nouvelle en France et à laquelle se rattachent en Allemagne les noms réunis de Gœthe et de Beethoven ; qui a le bonheur d'avoir pour collaborateur l'auteur de *Faust* ; qui obtient le concours d'une artiste tragique dont la gloire est européenne, Mme Ristori, et qui enfin a l'heureuse chance d'entendre MM. les examinateurs eux-mêmes louer la valeur littéraire de son ouvrage ; il me semble, dis-je, que cet écrivain a quelque droit d'attendre du ministère des Beaux-Arts un encouragement et un soutien.

« Quels motifs peuvent donc s'opposer à la représentation de ma pièce ?

« MM. les examinateurs en allèguent deux ; le premier, et le plus grave, est que je touche à une question brûlante, et par conséquent dangereuse, le pouvoir pontifical.

« Je pourrais répondre que je ne mets en scène qu'un passé très lointain ; que dans ce passé même je ne peins que cette puissance morale et moralisatrice de la papauté, devant laquelle tous les partis s'inclinent, et que par conséquent la situation présente n'a rien à faire avec mon drame. Je serai plus sincère : oui, les circonstances donnent à ce tableau du moyen-âge une sorte d'actualité ; oui, la représentation de l'ouvrage leur devra, je l'espère un degré de plus d'émotion et de vivacité de sentiments.

« Mais où est le mal? Cette émotion sera-t-elle fâcheuse? Cette vivacité de sentiments sera-t-elle un danger? Voilà le point à établir. Que les écrivains dramatiques s'emparent des questions actuelles, vivantes, c'est leur droit, je dirai même leur devoir, et l'administration des Beaux-Arts doit les y encourager, pourvu qu'en touchant aux passions présentes ils aient pour objet d'animer les esprits sans les troubler, c'est-à-dire de ne les exciter qu'en faveur d'une cause juste et reconnue juste par tout le monde.

« Or, quel est le point fondamental de mon drame, le pivot autour duquel tout tourne, sur lequel tout s'appuie? la destruction dans le monde d'un droit monstrueux que nous avaient légué les païens et les barbares, le droit de répudiation.

« Quand la papauté défend cette cause, elle défend la civilisation et la famille ; la louer sur ce point ce n'est que dire ce qui est dans le cœur de tous, et puisque l'on m'oppose la question d'importunité, je répondrai que rien n'est plus opportun que de reconnaître hautement un des bienfaits du pouvoir pontifical au moment même où il nous accuse d'ingratitude, et de glorifier sa mission morale et évangélique quand il nous reproche notre impiété.

« Pour moi, dévoué de cœur à toutes les idées du dix-neuvième siècle, j'ai été heureux de saluer l'Église comme notre prédécesseur à tous dans cette grande lutte pour la défense du mariage et des femmes ; elle y a acquis une gloire qui dure encore, parce qu'alors elle représentait le progrès ; et c'est partir du même principe que rendre hommage en elle à ce qui ne peut pas périr, et repousser ce qui ne peut renaître.

« On m'oppose encore la lutte forcément

établie, dans mon drame, entre le Pape et le Roi. Mais Philippe est-il abaissé devant le légat comme roi, entravé dans son pouvoir de roi? Jamais. L'interdit même, est-ce un légat romain qui le lance? Non: c'est un ancien compagnon d'armes de Philippe; c'est au nom de la France! Quand le roi cède, est-ce à la voix du légat? Non: c'est aux prières de son peuple, c'est au cri de sa propre conscience. Il lève les mains au ciel et s'écrie: *Je suis vaincu, Seigneur!...* Et quel est le dernier mot de l'ouvrage, celui qui le résume?

Roi tu n'es pas vaincu, l'Évangile est vainqueur!

« Je le demande, quel péril peut offrir la représentation d'un fait historique mettant en lumière cette idée morale et placé à sept cents ans de distance?

« Je crois donc pouvoir, en toute sûreté de conscience, prier Votre Excellence de laisser mon drame se produire devant le public, mais se produire tel qu'il est.

« MM. les examinateurs s'alarment de quelques railleries toutes générales, applicables à tous les temps, et demandent qu'on me les ôte ; je demande qu'on me les laisse. D'abord, on n'a pas trop de toutes ses armes pour livrer cette rude bataille qu'on appelle la première représentation d'un ouvrage en quatre actes et en vers. Puis enlever à un tableau du moyen-âge le cortège des petites malices populaires, c'est lui ôter sa vérité ; et quant à mon drame lui-même, il y perdrait un de ses éléments de succès, la lumière et la gaîté.

« Ajouterai-je que si j'étais un grand pouvoir, je serais, ce me semble, un peu blessé de cette sollicitude qui me croit menacé par le moindre souffle d'air, voit un péril pour moi dans un éclat de rire, et je prierais ces timorés d'être moins modestes pour mon compte.

« Qu'il me soit permis de finir en citant à

Votre Excellence un fait assez caractéristique. En 1808, mon père écrivit un ouvrage dramatique intitulé *la Mort d'Henri IV*. La censure, le ministre de l'intérieur, le ministre de la police opposèrent un *veto* absolu à la représentation de la pièce. Ils y voyaient mille dangers. C'était donner carrière aux démonstrations les plus regrettables, à l'explosion des sentiments les plus hostiles.

« Le bruit de ce petit conflit arriva jusqu'à l'Empereur. Il se fit rendre compte de l'affaire. Deux jours après, le *veto* était levé ; seulement il demanda un changement à l'auteur. Henri IV, dans une scène avec Sully, disait : *J'ai peur*. « — Il faut ôter ce mot-là, dit l'Empereur. — « Pourquoi, sire ? Les craintes d'Henri IV à ce « moment sont historiques. — Soit ! Un souverain « peut avoir peur, mais il ne doit jamais le dire. » Le mot fut ôté, ce fut le seul ; l'ouvrage, représenté avec le plus grand succès, n'excita aucun désordre. Cet acte de libéralisme avait été un acte de bon sens. — Si c'était vrai en 1808, comment cela ne le serait pas en 1865?

« Veuillez agréer, monsieur le Ministre, l'expression de tout mon respect.

« E. LEGOUVÉ. »

La réponse à cette lettre fut le maintien du *veto*, fondé, je dois le dire, non sur l'ouvrage lui-même, mais sur l'exigence toute exceptionnelle des circonstances présentes, et accompagné d'honorables témoignages de regret. Mais je ne puis pourtant rester sous le coup de cet *interdit*: je soumets mon ouvrage au public, avec le vif et profond chagrin de ne pouvoir lui en donner la partie la plus digne de lui, la musique de l'auteur de *Faust*.

E. LEGOUVÉ.

FIN

INDEX

DES NOMS CONTENUS DANS LE VOLUME

TABLE ALPHABÉTIQUE

DES PIÈCES CENSURÉES DE 18[illegible] À 1866

TABLE ALPHABÉTIQUE

DES PIÈCES CENSURÉES DE 1852 A 1866

IMPRIMERIE DE SAINT-DENIS — H. BOUILLANT, 20, RUE DE PARIS.

www.ingramcontent.com/pod-product-compliance
Lightning Source LLC
Chambersburg PA
CBHW071239160426
43196CB00009B/1116
9782012679672